はじめに

ついにゆく　道とはかねて　聞きしかど
昨日今日とは　思わざりしを　（在原業平『伊勢物語』）

いままでは　ひとのことかと　おもったに
おれが死ぬとは　こいつぁたまらん　（蜀山人）

人はいつ死んでも、今じゃないような気がする。筆者が幼少の頃、祖父が81歳で逝去しました。病床の祖父に「要《い》るもんがあるかえ？　買《こ》うちくるで」と聞いたところ、「何もねえ。命が欲しい」と言われて当惑した。それだけはどうにもなりませんでした。このとき、人は何歳になっても生きたいものだ、どうすれば自分の死を受け入れることができるのだろうかと思いました。この祖父の言葉が死生観について考える原点でした。

誰もがかつては若者でした。夢や希望を持ち、それを実現するために努力してきました。老後を迎えるとき、若いときの夢や希望はどのくらい実現しただろうか、描いたような人生が送れただろうかと過去と現在を比較することもあるでしょう。老化が進めば体力が衰える。小さな文字は見にくくなる。皮膚に皺が出る。骨がもろくなり記憶力も低下する。身体的・知的変化が著しくなり、やがて死ぬ。だが、それが耐えられないといって、不老不死の薬があったとしても飲むだろうか。せいぜい少しだけでも若返りができて老後を楽しめれば、死ぬべき頃合いには逝きたいと思うのではないでしょうか。

「悟り」を得ることが人生の目的とする人がいます。だとすれば、本当に悟りを得て死んでいった人は人類に何名いるのだろうか。敬虔な宗教者しか生きる価値はないのでしょうか。事故死など不慮の急死を迎えた人は無駄死なのでしょうか。そうではないはずです。

「死んではいけない。死んだら負け」と、いつまでも死を否定ばかりしていたのでは死ねません。どこかで生への願望と折り合いをつけなければ死を受け入れられません。死にも生と同様に意味があり、生死どちらか一方に固執するのではなく、生きている時は生き生きと生き、死ぬときは死もよしとして安心して死ねることができればいい。このためには「幸福に死ぬための哲学」の構築が望まれます。

死を目前にしては、「自分は充分生きた。もう充分堪能し、燃焼したので未練はない。阿弥陀様に守られているので死も苦しくないはずだから、死ぬことは怖くない」「自然界でも生きて死ぬことは当たり前のことだから、私も死は怖くない」「もし地獄があるとしても自分は地獄へは行かないだろう」と思うかもしれません。しかし、それは本当に本気で死を考えたときの言葉でしょうか。実際のところは、「まだやりたいことがある」「あと少しだけ生きさせてほしい」というのが本音ではないでしょうか。せめて自分の身の丈にあったことをやりたかった、ということはないでしょうか。人生には拒否したい部分もありますが、肯定する部分も多々あります。人は老化と死を忌避するのであって、人生全体を否定しているのではありません。全部を肯定したいという無理な欲求があると、それが叶わないことで厭世主義や虚無主義を生み出していきます。生老病死の苦楽はかけがえのない自分の人生ですから、一つひとつを噛みしめながら、いろいろな言葉に触れながら、死を学びながら生きていきましょう。

〈第Ⅰ部〉では、宗教思想や科学的視点からの死生観や癒しを紹介しながら自死、安楽死、死の受容、健康寿命をいかに延ばすか等々について述べていきます。生死は表裏一体であり、生を輝かせるには死をどう捉えるかが課題となります。第7章「死考錯語」では、生死の様々な点についての私見を述べています。

〈第Ⅱ部〉では、仏教の「般若心経」と神道の「祝詞」について、いくつかの文献を参考にしながら解説を試みます。従来の解釈を逸脱した部分もあり、見当違いとのご批判もあろうかと思いますが、チャレンジ作としてご容赦いただきたく存じます。

〈資料集〉（1）では、古今東西の様々な人たちの死生観を記載しています。（2）では、幾人かの人たちの死んでいったときの様子を紹介しています。（3）では、人が最期まで輝くことができるように今を振り返るチェックシートを考案しました。他者の死に方を知ることも、今の自分はどう生きたいのかを整理していくうえで大切です。本人はもちろん周囲の方にもご活用いただければ幸いです。

本書では、さまざまな視点から生死を概観しています。やみくもに死を恐れるのではなく、やみくもに死に投入していくのでもなく、やみくもに何かを強く信じたり何かの行為を強要したりするものでもなく、さまざまな言葉を通して死について繰り返し「考える」ことをしながら死を受け入れていけることを目指しています。人間は情念に動かされて生きていますが、知的に得心できればいっそうの安堵感が持てます。若者にとっても、今ここで死と向き合い自分の生を見つめなおすことで有意義な生を送ることができるでしょう。よく死ぬためには、よく生きることです。そのために死を学ぶのです。

本書はきちんと整理されたものではなく、雑多な死生観の寄せ集めとなりましたが、少しでも共感できる言葉に出会えていただければ幸いです。人は幸せになるために生きている。安心して生きて、安心して逝けるための死生観を育んでいただきたいと思います。

目次

装幀　２ＤＡＹ

〈第Ⅰ部〉

第1章　死生学

1　死生学

「死生学」という言葉はヨーロッパで生まれました。ヨーロッパ中世で黒死病、ペスト、飢餓で死者が急増したときがあり、このときに「メメント・モリ」という言葉が生まれたのです。死は平等に人間に訪れる。だから常に死について考えよ、今を楽しめ、「今こそ花を摘め」としたのです。

＊メメント・モリ〔ラテン語：memento（想え）mori（死）〕
「自分が（いつか）必ず死ぬことを忘れるな」という意味の警句。
「死を記憶せよ」「死を想え」などと訳される。

この言葉は、元々は古代ローマで戦いに勝利した将軍が凱旋パレードを行う際、「今日は良くても明日はどうなるか分からないから気を抜くな」ということを思い出させるために使用人に言わせていたと伝えられています。死を想うことは死の恐怖からの救済を求めることもあるでしょうが、明日への生を充実させるためでもあります。死を思うことで日々の「生」の輪郭を明確にすることができます。

今、この瞬間に亡くなろうとしている誰かは「あと1日だけ生きたかった」と言って逝っていくかもしれません。人は必ず死ぬという事実を受け止め、充実した日々を過ごすことが大事であり、この気づきと自覚が明日への生きる力へつながるのです。死ぬという執着点が確認できることで、それまでの限られた日時をいかに豊かに生きるかを問うようになる。自分は必ず死ぬという自覚がないと際限なく漫然と生きることになります。

死を遠ざけタブー化したのは近年のことです。フランスの歴史家、フィリップ・アリエスは「死をタブー化したのは20世紀のアメリカである」として、次の理由を挙げています。

・資本主義……企業体は死を前提としていない。
・個人主義……単婚小家族は死を前提としない。
・医療の発達…長寿の医療化

資本主義は企業体の死を前提としていませんし、個人主義も単婚小家族は死を前提としません。医療の発達は長命を長寿とし、老いも医療化しようとしています。

だが、地球まるごと高齢化時代になり、世界的に多死を迎えようとする今ほど、いかにして死を受容するかが問われることはありません。近年、死は極めて身近なことになってきており、死に方について真剣に考えることなく、生き方を選択することはできません。「生」を活かすために「死」を直視する。それが「死生学」の目的です。自分の存在を有意義なものにするために死を直視するのです。

死についての学びは次のような言葉で表され、多領域で求められています。

英語……thanatology　death study
仏語……thanatologie
日本語…死学　死亡学　死生学
中国語…生死学

〈医学的・福祉学的死生学〉
終末ケア、ホスピス、尊厳死、延命治療、臓器移植、難病、小児がん
〈心理学的・社会学的死生学〉
グリーフケア、自死、遺族問題、障害者問題
〈人文系死生学〉
哲学、文化人類学、宗教学、神話、文学、美術、映画学

ハイデッガー（『存在と時間』）は、死の特徴として交換不可能性、確実性、無規定性（いつ訪れるか分からない）、没交渉性（他者と関わらない）、追い越し不可能性、を挙げています。そして人間を「実存＝死への存在」としました。ハイデッガーは常に自分の死を念頭に置き、今の自分から死ぬまでを全体と考えたのです。人間は物のようにただ存在するのではなく、死を意識しながら生きているとしました。

五木寛之は、老いを認めたうえでの人生の後半の「下山」の生き方を提案しています。下山にも面白さがあり、これまで登り道を歩いてきた道だけではなく、遠くの風景を眺めれば余裕をもって楽しめる。もはや「頂上を極める」という目標から解放されており、登ってくる人に声をかけたりもしながら、ゆっくり下山していく。人生の下山は、そのような老いの楽しみ方だと言います。

吉沢久子も「下り坂の風景」には得るものが多いという。老いることで人の優しさや素晴らしさが身に染みて分かるようになるというのです。老いを人生の下り坂、下山として捉え、老いを怖れず、楽しむゆとりが欲しいものです。

では、老いを楽しむには何をどう考えればよいのでしょうか。命ある物は死から逃れることはできません。だが、犬や猫は生きている今は自分がいつか死ぬとは考えないので時間の無駄という発想はないかもしれません。人間だけが自分に死が訪れることを知っています。いずれ必ず死ぬことを知っています。それにもかかわらず、普段は死の恐怖や不安から目を背けて

日々の雑用に気を奪われて生きています。生きている時間は有限であるにもかかわらず、死から目を背けています。自分が死ぬなんて考えたくないからです。だが、本当に死を意識したとき、生き方が劇的に変化していくのです。

死は人生最大の師匠です。死からの学びとして「自分は必ず死ぬ。自分に残された時間の有限性を自覚し、それまでに自分の使命をまっとうしよう！　無駄に過ごしている場合じゃない」と考えることができます。自分の死と真剣に向き合ったときこそ、自分の使命を自覚し、それに向かって生きる決意をすることができるのです。死を意識するからこそ人生を輝かせることができる。

私たちが身につけるべきは、死を忌み嫌って現世の金銭や権力にこだわるような「生死観」ではなく、死を意識して初めて生きる力が湧いてくるといった「死生観」です。

2　霊魂

死についての考えには大きく次の二つがあります。一つは、霊魂不滅と来世の存在説です。死とは肉体から魂が離れて来世に旅立つことであり、死は身体からの魂の離脱であるという見方です。もう一つは、肉体の死とともに身体が分解すれば精神も滅びるので「私」は無になり、霊魂といった作用は消滅するという見方です。肉体が死ねば魂は消滅するのであり、死によっ

て全てが消滅するという立場です。

(1) 霊魂実体説

今ここにいる「私」は、「あの世」からきた霊魂であり、死ぬということは霊魂が肉体を離れて出て行くということです。霊魂は肉体よりも前から存在しており、肉体が滅びても霊魂は滅びないという考えです。

死んだ後にも、この世界とは違う世界で霊魂が生き続けるとされ、宗教によって地獄、極楽、天国などの世界を想像（創造）しています。

キリスト教では、イエス・キリストが最後の審判をして天国行きと地獄行きの人が分けられ、仏教では閻魔が裁判をして地獄行き、極楽行きを裁く。死後の恐怖心をあおり立てられれば、安堵できる何か絶対的なものにすがるしかなくなります。

古代インドのバラモン教では業や輪廻の装置を考え出しました。しかし、これでは、生前の行いの如何によって死後も種々の世界を遍歴し、平安の境地に安住することができません。生きている限り苦しみが絶えないことになります。あの世でも苦しむのが輪廻の掟なら、この輪廻から解放される〝究極の死〟はどうしたら得られるのかといった悩みが生じます。

(2) 霊魂虚無説

「我」という存在があるということは幻想であるという考えです。仏教では目に見え、手に触れるものはすべて「色」と呼ばれますが、「色」は「空」でもあり、一時的に存在するようにみえても、いずれまた消えていく。身体が空であると同様に自我についても消滅していくと考えるのです。肉体が死ねば魂は消滅する。仮に「あの世」があったとしても、「あの世」は一回きりの行き先であり、輪廻を恐れる必要はないとします。むしろ、死の背景に生死を超えた「何か根本的なもの」の存在を考えているのです。

「魂の不滅」は実際には不可能ですが、人間の持つ「道徳性や幸福性」を求める一つの理念になりえます。魂の不滅を信じることで道徳な社会が築け、幸福感を持って生きていけます。むしろ、このような願望が魂の不滅論を想像（創造）したともいえ、このことは科学的「真理」でなくとも安寧に生きる「智慧」であるといえるでしょう。

〈参考文献〉
・『哲学用語図鑑』プレジデント社、2017年、262〜263頁
・五木寛之『孤独のすすめ』中公新書ラクレ、2017年
・吉沢久子『100歳まで生きる手抜き論』幻冬舎新書、2017年

第2章　死生観

人間は自己存在の有限性や虚無性を自覚したとき、自己を超えた永遠なるものを求めます。永遠なるものに没入し一体化することによって、自分の生死を支えていこうとします。このとき、自分の魂の救済を宗教思想に求めるのか、科学に求めるのかが問われることになります。

1　宗教思想的死生観

各宗教には創始者がいて信奉する絶対的なものがあり、それぞれには根本原理があります。

東洋では紀元前１２００年頃にアーリア人によってバラモン教が信仰されていました。このバラモン教からヒンズー教が生まれていきました。共にその根本原理は宇宙の根源のブラウマン（梵）と真我（我）の一致（梵我一如）でした。バラモン教は多神教であり、天・地・太陽・風・火など自然神を崇拝し、ヒンズー教では創造神（ブラフマー）・維持神（ヴィシュヌ）・破壊神（シヴァ）を崇拝し、カルマ・輪廻などを創造しました。

仏教は、ゴータマ・シッダルタ（紀元前４６３～３８３）により創始され、宇宙の真理（ダルマ）を絶対的なものとしました。シッダルタは奇跡を行っておらず、また自身では教えを一文字も書き残してはいません。むしろ彼に従う者自身が自覚していくようにしむけ、信仰による救済ではなく、智慧による救済を説きました。一切苦、諸行無常、諸法無我、涅槃寂静を述べましたが、死後の世界や輪廻転生については言及しておらず、「我」の実体はないとして「梵我一如」を否定しました。

西欧では、紀元前3世紀にモーセが神の命令（十戒）を守れ、としてユダヤ教を創始しました。ユダヤ教が「裁き・恐れ」の宗教であるのに対して、後のイエス（紀元前7又は4年〜30年）は神が人間を創造したとする「愛・許し・救い」の神としてキリスト教を創始しました。モーセは、自分たちは神に選ばれた民族であり、神は神への信頼と服従を誓ったイスラエルの民だけを救済するという選民思想を説きました。一方、イエスは救世主として遣わされた「神の子」としての立場をとり、イエスの十字架の死は人間の持つ原罪の贖いであるとされており、イエスを信じる者は罪を許され、新しい生命に生きることができるとされています。ユダヤ教もキリスト教もその根本では宇宙万物の創造神、唯一絶対の人格神エホバを信仰しています。

これに対し、ムハンマド（530〜632）は、イエスを「神の子」としては認めず、預言者の一人であるとして偶像崇拝を禁止し、アッラー（神）を信仰するイスラームを創始しました。この世の最後の日の審判で永遠の楽園での生が得られ、アッラーの正義のために殉教するなら、人生の勝利者として死後、天国に行くことになるとしました。

これが大雑把な各宗教による死生観ですが、ここではもう少しキリスト教、イスラム教、ヒンズー教、仏教、老子荘子の死生観について俯瞰します。

（１）キリスト教の死生観

人間の身体は土でつくられたから土に還る。このため土葬が必要になる。霊は神の息であるから、死後は昇天して神の許へ還っていく。

『旧約聖書』の「創世記」によると、神は自らの像にかたどって土から最初に男性のアダムをつくり、次にアダムの肋骨から女性のイヴをつくった。彼らはエデンの園と呼ばれる楽園に住んだが、神の意志に背いて蛇に誘惑されて善悪を知る禁断の木の実を食べたために楽園を追放された。アダムは額に汗して土地を耕してパンを得なければならず、人類は死によって土へと返る滅びの運命を免れなくなった。人は、塵《ちり》だから、塵《ちり》に帰る。キリスト教では、罪はひとりの人間アダムの行為によって世界にやってきた。罪と共に死もやってきたとする。

このように「旧約神話」によると、人間の死は人類の始祖のアダムとイヴが神との契約を破り、禁断の木の実を食べたため、その懲罰として労働苦、妊娠苦、死苦を背負わされた。つまり、死は人間の神への反逆に対する懲罰として生まれました。（岸根、１３５頁）

キリストとは救世主の意味で、イエス・キリストとは、預言者として活動したイエスが神の子キリスト（救世主）であるというキリスト教徒の信仰をあらわします。キリスト教は古代ユダヤ教を母胎として成立した宗教です。当時パレスチナの地はローマの属州であり、ユダヤ人は重税や律法の絶対化による圧迫に苦しみ困窮していた。このなかで「神の国」の到来と「救世主（メシア）」を待望する風潮が高まり、来る日に備えて洗礼をうながす洗礼者ヨハネの運動が広まっていた。イエスはこの運動に共鳴し、30歳の頃、親・兄・弟をすててヨルダン川のほとりでバプティスマのヨハネから洗礼を受け、やがて終末観と神の子としての自覚を高めながら弟子たちをつれて伝道し、宗教活動を行ったのです。

イエスの教えは民衆から歓迎されましたが、イエスをメシア（救世主）として認めないユダヤ教の宗教家たちは、イエスを自らメシアと僭称《せんしょう》して神を冒涜する者として訴えた。イエスは裁かれて十字架にかけられ刑死したが、『新約聖書』には3日後に復活して弟子たちの前にあらわれたとあり、復活によってイエスこそが救世主キリストであるという信仰が生まれました。それまでのユダヤ教では人類が罪から自由になるには律法を忠実に守るということであったが、使徒パウロは、イエスは人類の罪の身代わりとなって十字架の苦しみと引きかえに人類の罪を贖ったという贖罪の教えを説き、イエスを信仰することによってのみ救済されると説いた。

人は一人で死ぬことの恐怖、死後の世界では裁かれるのではないかという不安を持っています。これを払拭してくれるのが神なのです。神は自ら人と共にいて、その者の神となる。人間の心には常に罪意識や後悔があります。しかし、神がそれを知りつつ、人間の下に来て、すべてを神の意志に従って整え、新しい天地として創り変えてくれる。このような神の意志や愛がキリスト教における救済です。キリスト教の救済をまとめると次のようになります。

・我々人間自身は、神の前に尊い存在として認められている。
・神は、我々が神の意思を理解して神の計画に向かって生きることを願っている。
・神は、我々の人生の如何なる時にも共にいて助けの手を差し延べてくれる。
・神が一緒にいる人生は、平安と喜びが与えられる。
・死後の生命が保証されている。

ユダヤ教とキリスト教は、神の摂理が歴史を支配し、人類の歴史が終末を迎えて神による審判が行われるという歴史全体を包み込む終末観を教義としています。

〈参考文献〉
・濱井修監修、小寺聡編著『倫理用語集』山川出版社、2016年

(2) イスラム教の死生観

イスラム教では、この世の終末日に先立ち、信仰は滅び、悪者がはびこり、暴力や戦乱が常態となり、最も下劣な人間が支配権を握り、やがてカーバー神殿も破壊され、太陽は西から昇

るとされている。そのとき、裁きの天使イスラーフイールが第一のラッパを鳴らすと、すべての生物が死滅する。40年が経つと、豊饒の雨が降り注ぎ生命の復活が準備される。第二のラッパが鳴らされると万物は甦り、人間も動物も、アッラーがそのために準備した広場に集められ、人々は天使から現世にいたときの善悪の所行を事細かに記した帳簿を渡され、それを持って一人ひとりがアッラーの前に立つ。アッラーは、その善行と悪行を天秤（ミザーン）にかけて計量する。このときイスラム教徒のためには預言者のマホメットが取りなしに入る。裁きのときにイスラム教徒の顔は白くなるが、イスラム教徒でない者の顔は黒くなる。裁きが終わった人々は、髪の毛よりも細く、鋭利な刃物よりも鋭い橋が架かった底無しの谷の上を渡らなければならない。善人は光のように早く渡って「天国」に導かれるが、悪人は途中から「地獄」の業火（ナール）に転落し、悔い改めるまではいつまでも非常な責め苦を受けなければならないと信じられていた。

イスラム教徒は、唯一絶対の創造神「アッラー」のメッセージを集めた聖典「コーラン」に異を唱えることはできません。

イスラム教は、7世紀前半に預言者ムハンマドによって開かれました。イスラムとは服従という意味で、唯一神アッラーに絶対的に服従し、その教えを守ることをあらわします。神アッラーは人類の祖アダムをはじめ、アブラハム・モーセ・イエスなどの預言者に啓示をくだしてきたが、究極の教えを最後の預言者であるムハンマドに啓示したとされる。アッラーは世界を創造し、終末の日には最後の裁きを行い、人間が天使が記録した生前の行いによって天国と地獄に振り分ける。「アッラーをおいて神はなし、ムハンマドは神の使者なり」とされるように、イエスが神の子であることに対し、ムハンマドは預言者（人間）である。神アッラーは並ぶもののなき唯一絶対の神であり、預言者ムハンマドも人間であって、イエス・キリストの「三位一体」を否定しています。（『倫理用語集』69〜70頁）

キリスト教では人類の罪や過ちはイエスによる贖罪であることに対して、イスラム教では一人ひとりが償うものとされています。審判は一人ひとりの現世での行いをしるした帳簿によりなされる。来世と現世はまったく別の世界ではなく、死は現世と来世の通過点にほかならず、来世は現世の行動によって規定されるとしている。天国も到達点ではなく、天国においても絶えずより高き目標に向かって努力しなければならないとされている。（『新編倫理資料集』54頁）

《最後の審判》

らっぱが鳴り響くと、いままで「そんな日がいつ来るのか」などとうそぶいていた者どもも、一人残らず「死の天使」に呼び出されて、横に曲がって逃げようとしてもどうにもならない。墓場から死人が呼び起こされてぞろぞろと出てくる。お互いにひそひそ話をする。「きみは何日間、墓の下にいたのか」と。悪業を重ねていた者はすぐに呼び出されるから、「たった一日だった」と言っている。いよいよ天使を従えた神の前にひきだされ、一人ずつ秤にかけられる。善行を積んできたものはその善行の重さで秤は下がる。悪い奴は反対に軽い。そこでいよいよ天国行きと地獄行きに区分されてしまう。

最後の審判の判決が決まると、それぞれ天国か地獄へ送られる。コーランに出てくる天国と地獄の描写は、まさにアラブ的そのものであり、天国はオアシスそのものであり、地獄は灼熱砂漠そのものである。

まず、審判を受けたものは三組に分けられ、先頭を進む者は天国でも至福の楽園に行く。そこには錦織の寝台が置かれ、そのうえにみんなが向かい合わせになって寄り掛かり、永遠の少年が酒杯と水差しをもっている。いくら酒を飲んでも頭痛がしたり泥酔することはない。果物も鳥の肉も好きなだけ選べる。つぶらな瞳をした処女妻、まるで真珠のように美しい。いやな言葉を聞くこともなく、ただ、「平安あれ」と言われるだけ。……左側の組の者は地獄行きで、業火の炎と煮えたぎった熱湯、その黒煙で涼しさも楽しさもない。苦いザックームという木の実を、胃袋いっぱい食べさせられる。この木の実は動物も食べないらしい。その上煮えたぎる熱湯を無理やり飲まされる。まさに砂漠の灼熱地獄そのものである。（藤本勝次、26〜28頁）

『クルアーン（コーラン）』には「すべてのムスリムはみな兄弟である」と説かれています。アッラーの前では人種・民族・国家の違いは相対的なものとなり、神への信仰をもつものはすべて同胞となり、イスラムの信徒はみな平等なのです。

〈参考文献〉

・第一学習社編『新編倫理資料集』第一学習社、１９９５年
・濱井修監修、小寺聡編著『倫理用語集』山川出版社、２０１６年
・藤本勝次『世界の名著17　コーラン』中央公論社、１９７９年

（３）ヒンズー教の死生観

バラモンの思想によると、人間は死後において、目は太陽に、耳は方位に、身体は地に、生気（呼吸、プラーナ）は風にそれぞれ帰入するから人間の構成要素の諸機能は宇宙的に分解するとされていた。（岸根卓郎、１５２頁）

死後に火葬されると死者の魂は月に至り、雨となり、地上に降り注いで食物となり、それを食べた男子の精液となり、それが交接によって母胎に入り再生する。

森林の中で苦行に専念する者は火葬に付されたあと、魂は絶対者のブラウマン（梵）の世界に入り、自我と梵が一致（梵我一致）するから再びこの世に帰ってくること（再生）はなく、再び死ぬこともない「不死にして不生」「不死の無上の世界」「永遠の世界」に赴くことができる。ブラウマンとは究極的な真実在（絶対者）であり、それは万物の本質ないしは至高の魂で

あり、無限、無始、有無を超えたもの、あらゆる概念を超越し、不可思議で知性で捉えることも言葉で描写し尽くすこともできないものとされている。

また、バラモンの祭祀を行い布施と善行を実行する者は火葬に付されたあと月に入り、再びこの世の母胎に宿って転生する。魂がどの母胎に宿るかは、その人の前世の業によって決まる。布施や善行をした人はバラモン、戦士族、庶民の母胎に宿って転生する。悪行をした人は犬、豚、賤民（チャンダーラ）に転生し、下等動物に宿った魂は、神道、祖道のいずれの道を通ることなく、繰り返し現世において転生しなければならないとされている。善因善果、悪因悪果の「業（カルマ）の思想」が生まれた。（岸根卓郎、151頁）

ここでは「自我」が存在し、これが梵と一体となり、消滅する。これは最初から自我の存在を諸行無常であり、「無（空）」とすることとは異なります。

〈参考文献〉
・岸根卓郎『宇宙の意思』東洋経済新報社、1993年

（4）仏教の死生観

古代インド思想では、宇宙の根本原理（梵・ブラウマン）と人間（我・アートマン）の合一（「梵我一如」）を理想とし、人間は業により「輪廻転生」を繰り返すとしました。インドでは

ヒンズー教を軸に多様な宗教が展開されましたが、それらを貫く思想の底流には次の二つの潮流が脈々と流れています。

・梵我一如
・輪廻転生

万物の生成を尊び、万物を輪廻させる大宇宙の生命の象徴を、泥沼から清純な花を咲かせる「蓮華」に託しました。人間を「小さな神（我・アートマン）」と見なし、宇宙の根本原理（梵・ブラウマン）と合一することを理想としたのです。

しかし、ほとんどの人間は梵我一如が果たせず、欲望の作り出す業に引きずられ、限りない輪廻転生を繰り返します。こうしたなかで、ブッダは出家し、修行の後、菩提樹の下で縁起の理法を悟り、輪廻転生の永遠の苦しみから解脱しました。ブッダが悟りを開くには次の段階がありました。

・「無所有処」
自分に属するものは何もない。外界のみならず、自分の内なる心の働きをも完全に超越した状態。（仙者アーラーラ・カラーマに師事）

・「非想非非想処」

禅定によって思考（想）をすべて無くすことにより、世界の広がりの意識を滅した境地にいること。「無所有処」よりも進んだ段階。（仙者ウッダカ・ラーマプッタに師事）

・6年間、身体をいくら苦しめても心の平安は得られなかった。苦行の為の苦行（自己顕示欲やマゾヒステックな苦行）は空しいと知り、苦行を捨てた。

ブッダは輪廻転生の思想では今の肉体が滅んでも生まれ変わり苦しみを味わい、その肉体が滅んでもまた生まれ変わってもそこでも苦しみがあり、その循環から逃れることはできなく、一切は苦であると悟りました。ブッダにとっての解脱とはこの循環から脱することでした。このため欲や生存や無明の汚れから解脱し、悟りを開いたときに、「わが解脱は不動である。これは最後の生存である。もはや再び生存することはない」「不死が得られた」としました。

ブッダは生死の質的転換の覚醒により同じ循環には戻りませんでした。ここに永遠の「空」を体得したのでしょう。二度と生まれないことは我々凡人には寂しいことに思えます。しかしブッダは転生して再び苦を味わうことなく、永遠の「空」に安住する境地、つまり宇宙や生命の本質との一体感（観）を生きていながら悟ったのです。

宇宙万物の真の姿は実体のない現象の空であるが、その空であることが体得されると、その現象としての存在がそのまま実在であるとわかる。空とは、虚無ではなく、現象の実体の有無を超越統合した一つの全体性であり、真の姿である。この世のすべての事象は永遠不変の本質をもつものではなく、空であり、空であることがこの世のすべての事象を成立させる道理であると理解されます。

このことは、次のようにまとめられます。

・「色」と「空」の永遠の循環
　この世界の現象（色）には実体がない（空）。
・輪廻を離脱した「色」
　我執を捨て今生の生（色）を生きる。
・「色・空」（生死）の循環から離脱した宇宙との一体観
　無我であり、生も死もなく、ただ生命や万物の根源と一体である。

ヒンズー教では自我の不滅を説き、「肉体が消滅しても、自我は転生し、そのまま個々に存在し続ける」ので、自我が業から脱却し解脱（悟りの状態に至る）するまで「永遠に生まれ代わり、死に代わらなければならない」とします。ブッダは「無我（非我）論」の立場であり、この自我の有無がブッダとヒンズー教の分岐点となります。

このように仏教は古代インドの思想の梵我一如を否定克服して成り立ちました。ブッダは死を内包しながら今を生きました。人生が「空」であることを悟り、生死を超えて生きた。だからこそ常人とは異なる次元から生の素晴らしさや自然の美しさを味わい、慈悲の心を示したのです。死に対する自我の執着はなく、自我は永遠の空（無我）にあり、恐怖や怒り、憎しみを覚えた死苦に対してもすべてを許し、受け入れることで心が解放（解脱）されたのです。

ブッダは「我や世界は常住であるか、有限であるか、無限であるか、身体と霊魂は同じものか、別のものか」との問いに対しては黙殺したといわれています。このような形而上的な議論は何ももたらさぬ不毛なものであるとして、「必ず死ぬ」という現実を透徹した眼で直視することにより死を超克したのです。ブッダはただ一切皆苦、諸行無常、諸法無我（我執の否定）について説きました。（上村、２６０〜２８１頁）

イエス＝キリストは十字架上で殺されました。ブッダは涅槃で静かに死についた。西洋にはどこか怒りの思想があり、聖者を殺した人間に復讐しようとする怒りの思想がある。だが、ブッダは、すべての生きとし生けるものは死ぬ、その真理を人々に知らせるために自分も安らかな死につくというものであり、死後の天国のことも説かず、人生とはこういうものだとして静かに死んでいきました。

ブッダは肉体は滅ぶが、佛（「悟り」）は「法」（永遠の真理）であり、永遠に生きるとしました。弟子に対してもブッダ自身を崇拝することよりも真理そのものを追究することを説きました。

〈参考文献〉
・上村勝彦「ブッダの生涯」『現代思想』青土社、1977年
・梅原猛『梅原猛の授業　仏教』朝日新聞社、2002年、61～62頁
・学研編集部編『釈迦の本―永遠の覚者・仏陀の秘められた真実』学習研究社、1994年、122頁
・窪寺俊之「キリスト教の『死生観』」『死生観』メンタルケア協会、2008年、3～50頁
・中野東禅「仏教の『死生観』」『死生観』メンタルケア協会、2008年、51～89頁
・花山勝友「釈尊の死の考え方」『死とは何か』大法輪選書、1991年
・横田南嶺「発菩提心」『致知』（通巻505号）致知出版社、2017年、118頁

(5) 老荘の死生観

《老子の言葉》
天地に先立って、ある混沌としたものが生まれた。それは静かで空虚、独立してかわることなく、万物を覆いつくしても疲れることがない。それは、万物を生み出す母といってよい。その真の名を知らないが、かりに「道」と呼ぶ。（『老子』第25章）

老子は、宇宙の根源を道《みち》と呼び、道とは万物を生み育てる宇宙の根源であり、おのずからなる自然の働きであるとしました。道は、万物に先立って存在する「天地の始め」、万物の根拠であり、そこから万物を生み出す「万物の母」なのです。それ自体は人間の感覚や知覚によって把握できない神秘的な宇宙の働きであるから、形がなく名づけようのない「無」と呼ばれ、また、それ自体として存在し、万物をありのままに生み育てる根源なので「自ずから然る」もの、自然の道とも呼ばれました。（『倫理用語集』99頁）

老子にとって「無」とは何もないという意味ではなく、人間の知覚や感覚では把握できない、宇宙生成の根源を意味します。

天下の万物は有より生じ、有は無より生ず（『老子』第40章）

天地人は、そのすべてが道（無）に則って現象しており、道（無）は自然そのものである。万物は形のある天地から生まれるが、その形ある天地は虚無から生じるとする。

このため、より豊かにより強く生きようと「生に執着」すればするほど、心身を消耗し早死にすることになると説く。老子によれば、自分にふさわしい生き方をしている者は長生きでき、死んでも朽ちない者こそがまことの長寿者であるという。

生を終わり、死に入っても、滅びることのない永遠の道に従っている者こそが本当の長寿者である。

人は、道にかなった生き方さえしておれば、死によって宇宙に帰入でき、永遠の生を受けることができる。

老子のいう道とは無為自然や宇宙の法則であろうか。老子にとって宇宙とともに生き死にすることこそが理想でした。孔子が現世で生きていくことを重視したことに対し、老子は来世や死を重視したのです。（岸根卓郎、88〜91頁）

《荘子の言葉》

人間の形をして生まれてきたことにさえ喜ぶものだ。人間の形は年齢とともに老幼生死と変化してきわまりない。そうだとすれば、人間として生きる楽しみも、数えることができないくらい無限のものだ。だから、聖人はまさに一切の物を包み込む境地に遊び、すべてをそのまま肯定する。若さを善しとし、老いを善しとし、生の始めを善しとし、生の終りを善しとする。このような聖人を人はみな見習うことだろう。ましてや、万物の根源であり、すべての変化のもとである自然の道こそ、万人の見習うべきものである。（『荘子』

大宗師篇）（『倫理用語集』100頁）

荘子は、人間が人為的に分別した是非・善悪・美醜・貴賎などの相対的な差別を超えた、万物が一体となった斉しい、ありのままの絶対的な実在の世界を、万物斉同《ばんぶつせいどう》の世界と呼びました。人為をさし挟まない無為自然の世界に何の思い煩いもなく安らかに生きる境地（逍遥遊）を理想とし、自由な境地に生きる人間の理想像を真人と呼びました。

いにしえの真人は生を悦ぶことも知らず死を憎むことも知らない。生まれてきたことを喜ぶでもなく、死んでゆくことを厭がるでもない。悠然として去り、悠然として来るだけである。その始まりを知らず、その終わりも知ろうとしない。天地自然から生を享ければそれを楽しみ、あらゆることを忘れてそれを天地自然に返上する。（「大宗師篇」『荘子』。蜂屋郁夫『老荘を読む』198頁）

荘子は人間に生まれてきたこと自体を喜び、人為的な差別の世界を超えて、生であれ、若さであれ、老いや死であれ、与えられた一切の運命を善しとして受け止めているのです。

荘子が死を迎える際、弟子たちは儒教的な豪華絢爛な葬儀の準備に取りかかった。だが、これを「太陽と地球が私の棺になるだろう」と言って拒みました。弟子たちが「あなたのお体が、鳥や鷲に食べられてしまうのが怖いのです」と言うと、荘子は次のように答えた。

火葬されない体は鳥や鷲たちに食い尽くされてしまうだろう。だが、火葬された体は蟻たちにすっかり食べられてしまうだろう。されば、おまえたちは鳥や鷲の口から食料をひったくり、それを蟻たちの口に与えることになる。なぜおまえたちは蟻には好意を示すのか。

（サイモン・クリッチリー、96頁）

荘子にとって、死は存在のひとつの形を別の形に変えることにすぎず、存在するものの中には良くないものはなく、生と死が等しいものであれば、死は悲しむべきものではないことになります。

生は死につき従うものであり、死は生の始めである。いずれがその本であり、始めであると知ることができようか。人が生きているのは、生命を構成する気が集合しているということである。気が集合すれば生となるが、離散すれば死となる。もし生と死とが一気に集散にすぎず、同類のものとするならば、生死について憂える必要が、どこにあるであろうか。（森三樹三郎訳『荘子』）

荘子は、生と死は気の集散であるとしており、人が死ぬと霊魂が身体から出てくるという発想はありません。死は輪廻転生の一歩ではなく、死によって生が完結する。生死は気の離合集散であり、この世界から気が皆無になることではなく、気はまた形を変えて離合集散を繰り返すというのです。

〈参考文献〉

・学研教育出版編『よく分かる倫理』学研、２０１３年
・岸根卓郎『宇宙の意思』東洋経済新報社、１９９３年
・サイモン・クリッチリー著、杉本隆久／國嶺佳樹訳『哲学者１９０人の死にかた』河出書房新社、２０１８年
・澤田多喜男『荘子のこころ』有斐閣新書、１９８３年、36頁
・第一学習社編『新編倫理資料集』第一学習社、１９９５年
・蜂屋郁夫『老荘を読む』講談社現代新書、１９８７年
・濱井修監修、小寺聡編著『倫理用語集』山川出版社、２０１６年
・藤本勝次『世界の名著17 コーラン』中央公論社、１９７９年
・前田護郎編『世界の名著13 聖書』中央公論社、１９７８年
・森三樹三郎訳『荘子』知北遊篇、中公クラシックス、２００１年

（6）宗教思想による癒し

日本では、古来より自然崇拝（アニミズム）があり、太陽神（天照大神）を中心にした自然神・観念神・人格神・祖先神など八百万神を敬ってきました。これらは絶対的な唯一神ではなく、どこからともなく自然と登場してくる「おのずから成る神」でした。日本人の死者の霊は子孫の供養を受けながら清められていき年忌がたつにつれて没個性化し、「祖霊」「先祖」となります。神道では決して自死を認めているということではありませんが、自殺者の霊魂も不慮の事故や犯罪の犠牲になって亡くなった人の魂も、ともに神になるという。死後、霊魂が行く所は「黄泉の国」（根の国）ですが、これは死者の世界であると同時に神の世界でもあるのです。（武光、198頁）（『倫理用語集』118頁）

キリスト教では自殺を認めていません。人間は神によって創造されたのであり、人間が自ら命を操作することは許されないのです。

キリスト教では、神の人間に対する愛が主張され、それは無差別で平等な愛であり、無償の愛であるとされます。イエスは、律法を守ることができずパリサイ派祭司や律法学者によって見離されていた罪人たちに対しても神の愛は及ぶと説きました。

ヒンドゥーの世界観では、さまざまな天国へのバイパスが設けられています。聖なるガンジス河に葬られると6回目の輪廻の後に天国に昇れるし、12年に一度のヒンドゥーの大祭、クンブメラの日に聖なる河で沐浴すればそのまま天国へ昇れるといったものです。（『ダライ・ラマ』

28頁）
仏教では現世での善行は来世に報われると説きますが、元来のインドの輪廻思想には褒美のような輪廻思想はありません。生とは本来苦行であり、生きとし生けるものは誰もが84万回もの生を繰り返さなければならないとされています。84万回とは無限を意味します。この輪廻はチャクラ（輪）と呼ばれ、無限の苦行の果てに悟りを得て、天国に昇れるとされるのです。
輪廻思想は人間の向上心に依拠したものである以上、人が獣や鳥、昆虫、魚に転生することはありえないとする人たちもいて、ヒンドゥーの宗教家には異種の生き物への転生はないとする人が多い。だが、悪いカルマを積むと畜生の性向を持つ人として生まれ苦しむと警告しています。（『ダライ・ラマ』82頁）
しかし、輪廻が実在するから人が死に、人が生まれるのではなく、人の死が不可避であるという現実から遠い祖先たちが輪廻思想に到達したのではないでしょうか。死は不可避であるがゆえに生死を超越した涅槃の境地が求められたのです。だが、この境地に達することの困難さが、人が人として生き継ぐ輪廻の世界の発見を促した。つまり、輪廻の果てに悟りを得て、いつか天国に昇る。そこには至福の安らぎがあるとするのです。（『ダライ・ラマ』83頁）
原始仏教での解脱とは「現世における生と死を捨て去ること」にあり、それが可能になった者は「死の恐怖も愛着もない」という。ブッダは、悟りの状態とは生死を超越した不滅の境地であり、人間が現世で悟りを得れば、その後、生き永らえようが、自殺しようが、輪廻の世界を断ち切ることができるとしています。シャーリプトラ（舎利子）が釈迦の許可を得て自殺しているとされています。舎利子は釈迦が自分より先に死んだならばショックに耐えられないから、先に死ぬことを許してほしいと言い、釈迦もそれを許したと仏伝に記されているのです。自死についてマイナスイメージはないが、それは悟りに達した人の場合であり、凡人のままの自死では輪廻から抜け出すことができない。逆にいえば、凡夫は自殺してはならず、悟りを目指して精進に励むことが求められているのです。（『釈迦の本』１２２頁）

仏教では、人間は生死的存在であり、その人生を苦であるとし、その苦源を抜こうとする。ブッダは生死を超えて安らぎの涅槃に至る道を説示しました。ブッダは人間や宇宙を創造し支配するといった神の存在を認めません。ブッダの思想の中心にあるのは神ではなく、人間である。真の幸福は人間として生まれ、その上で修業（静坐・瞑想）の結果、普遍的真理（法）に目覚め、解脱して自由になっていくことだとしました。ブッダ自身が自己の完成（解脱）と他者への奉仕（利他行）とを一致させることに精進しました。仏教の愛は慈悲であり、「慈」とは「人々に利益と安楽をもたらそうと望むこと」（与楽）であり、「悲」とは「人々から不利益と苦を除去しようと浴すること」（抜苦）である。慈悲は感情的な対立を超えており、慈悲の心を持てば人を憎むということがなく、一切の生きとし生ける者に及ぶとされる。普遍的な愛、寛容の精神と平和主義がうかがえます。

老子は、根源の世界から一切のものが生じて、そこへまた帰っていく、人間を含む一切万物は生滅変化を繰り返す有限の存在であるが、この根源は悠久であるとしました。この根源に思いをいたすとき、自分が本来どのような存在であり、生死がどのようなことであるかが明らかになれば、何物とも対立せず争わずにおれ、水がただ高いところから低いところに向かうように自然に生きることを理想としました。生を喜ぶことも、死を恐れることもせず、天から授かった生命を悠然として受け入れ、すべての作為を排して自然に従って生きることを説きました。

ヒンズー教や仏教の根本には究極的には宇宙との一体があります。神道では自然との調和が根本原理でした。ユダヤ教、キリスト教、イスラム教は主という絶対者と人間各個人との契約関係の上で成立しており、これらは絶対的なことです。仏教も上書きを重ねていくことはあっても、その根本原理を変更することはありません。旧約聖書もコーランも、それらが神話なのか科学的歴史的事実であるかどうかよりも、信仰に生きる人にはそれぞれ神観があって、それぞれの人々にとって〝真実の物語〟であり、生きることの〝支えや救い〟になっているということが重要なのです。

誰も自分で生まれようとして生まれたのではありません。自分の命は自分だけのものではなく、生の根源につながるものであり、単独に在るのではなく、何か大きな根源の世界と繋がっていると思えるとき、たとえ死に対する不安があろうとも、生の充実に励む勇気が湧いてくるのではないでしょうか。自己を成立させる根源に心を投じる。この根源とは、キリスト教では神であり、仏教では宇宙の真理を体系化した仏法です。自己の根源を深く洞察して深く信じる人は、それを拠りどころにして自分が生きることの根源的意味を探求していく。その結果、回心、超越、価値観の転換などによって新しい人生が展開されていく。神を信じる人は神に愛された如く、他者を愛することができる。仏を信じる人は自分が救われるという喜びから利他の心が生まれてくる。それまで自我中心であった生き方が他者へと開かれてくる。これが宗教的体験をする者の生き方であり、救いになるのではないでしょうか。

〈参考文献〉
・学研編集部編『釈迦の本―永遠の覚者・仏陀の秘められた真実』学習研究社、１９９４年
・岸根卓郎『宇宙の意思』東洋経済新報社、１９９３年
・武光誠『日本人なら知っておきたい神道』河出書房新社、２００４年
・ダライ・ラマ『ダライ・ラマ「死の謎」を説く』クレスト社、１９９４年
・濱井修監修、小寺聡編『倫理用語集』山川出版社、２０１６年

2　宇宙的死生観

人間は死後には、まったく消滅するか、来世で存続するかの二通りが考えられており、宗教

にも、死による自己の消滅を否定したいという情緒的態度と、自然の摂理として死を受容していくという諦観的態度が通底しています。

前者では、天国で生まれ変わるといった生命や魂の循環を期待し、神仏など絶対者を求め、その絶対者に帰依していくのです。後者では、自我の執着を離れて自然回帰を目指しました。神が人間を創造したのであれば、その神を創造したのは誰なのか。何のためなのか。そこまで問えば人智を超えて思考が停止していきます。ところが、神が人間を創造したのではなく、人間が神を想像したと考えれば人間は神仏から解放されます。だが、「自由」は得られても、不安が漂います。「自らに由る」とは、まさに独りひとりが自己の生死の意味を問うことになるからです。

宗教思想家の根本原理探求の視点は主観による探究でした。その人にとって、すべては自分の意識の中にあるのであり意識の外には何もないことになります。その人にとって世界は主観の中に存在しており、主観の外にあるのではありません。それは自分にとっての真理を探究する実存主義といえるでしょう。もちろんその人にとっての真実を探求することは大事です。しかし、その人個人の真実は必ずしも万人にとっての真実とは言えません。信仰による真実は同じ宗教的体験、同じ深い洞察がなければ共感できません。多くの人が得心する真実であるにはできるだけ客観的・科学的であることが求められます。科学的に探究する立場は、個人の主観に基づく世界観ではないので新しい発見があると誰でも修正したり反証したりすることができます。

生死は人知が及ばない自然の摂理だとして思考を停止させ、絶対者に情緒的救済を強く求めがちになります。人間は感情で動かされるからです。だが、「感じる」ことも大事ですが、「考える」ことも大切です。生死について科学的な根拠が示されていけば特定の信仰体験をしなくても誰もが確信を得られます。

（1）生死四態

岸本英夫は、生死についての態度として次の「生死四態」を挙げています。

・肉体的生命の存続を希求するもの
・死後における生命の永存を信じるもの
・自己の生命を、それに代わる限りなき生命に託するもの
・現実の生活の中に永遠の生命を感得するもの

（岸本英夫、101頁）

肉体的生命の存続には中国の道教の不老不死の追求、エジプトのミイラなどがありますが、達成できません。死後における生命の永存にはキリスト教やユダヤ教、仏教がありますが、現代の量子力学では受け入れ難いでしょう。死後における生命の永存を謳う宗教もありますが、

これも根拠は受け入れがたいものです。自己の生命を次世代に託すことには芸術作品に自分の生命を託する芸術家、子どもに托す親などがあるでしょう。永遠の生命を把握するには対象をもつことが必要となります。永遠の生命を感得することとは日常の中の永遠性を知ることであり、それは過去から受け継いだものに自分の思いや願いを込めて次世代へ引き継いでもらうという世代間感情であり、ここには少なからず「永世」の充足感があるでしょう。対象に向かって心血を注ぎ、全生命を投じて尽くすことで、その対象が生命の対象となる。これが人間の肉体的生命を超えた永遠なる生命を得る。このように現実の生活の中での永遠の生命の感得には、芸術家や禅家の「心理的事実」があるでしょう。

古来、人間は永遠の生を希求してきました。人間は自分が有限であり絶対でないことを知っているからこそ無限で絶対的なものを希求するのです。死後の世界が暗黒だとか虚無だと考えると死ぬことは恐怖になります。このため救済装置を考案しました。死んでも決して無にならないために死後の世界を創造（想像）したのです。天国・極楽などの「死後の理想世界」や地獄などの「死後の苦世界」によって人間の精神世界（魂の世界）を永遠のものにしようとしたのです。ミイラも死を拒絶し、永遠の生を願った人間の切ない思いの象徴です。死後にも極楽浄土や天国があり永遠の生が得られると思えれば、死は恐怖ではなくなります。もし死に対する恐怖があるとすれば、それは死そのものに対する恐怖というよりも、果たして本当にそのような極楽や天国、永遠の生が在るのかという不安から生じるでしょう。これは誰もが得心できる理性的な構想ではなく、信じる者しか救われない情緒の世界です。
それぞれの宗教には人間の救済についてそれぞれ特有のロジックが構築されています。それを虚構とするか、信じるかはそれぞれの人の自由であり、尊重されるべきです。だが、宗教は死者のためにあるのではありません。死者を成仏させるとか、天国で甦らせるとか、そのような死後保障のためにあるのではなく、生きる者のためにある。宗教は生者のためにあるのです。死を前提として有限の人生を大切にする。そこに宗教の本来の主題があるのです。死を見つめることにより、与えられている自分の命をどうやって有効に活用していったらよいのか、どうすれば死を受け入れられるのか、そのためには今をどう生きればよいのか、といったことを考えるようになります。このため死を知り抜いておくことは、生きることに意義が持てるようになる。

〈参考文献〉
・加藤尚武『死を迎える心構え』ＰＨＰ研究所、２０１６年、１４０～１４２頁
・岸本英夫『死を見つめる心』講談社文庫、１９７３年、１０１頁

（２）宇宙的死生観

現代の理論物理学によれば宇宙の始まりはビッグ・バンですが、これは特異点とされます。

そこで論理が途切れる地点なのです。すべてはビッグ・バンから始まっているのだから、ビッグ・バンの前から存在したものを考えることができません。だが、ヒンズー教的、仏教的な考えでは、すべてはずっと存在してきたということになっています。始まりもなく、終わりもないのです。ビッグ・バンを認めると輪廻もそこで途切れることになります。仏教的な視点からは、ビッグ・バンのそのときすでに生きとし生けるもの、意識を宿した存在があったのであり、カルマの力によって起こったと考えざるをえません。14世ダライ・ラマによれば、カルマこそが何かを創造する根源的な力、エネルギーであり、宇宙が進化、発展を遂げるのは、宇宙を自らの存在の基盤と見なして存在するもののカルマの力の総体が最大の要因として働くとしています。（『ダライ・ラマ』２０５頁）

物理学と仏教の対立点がこのビッグ・バンです。現代物理学では、宇宙の法則を物質の最小単位である微粒子の運動を解明することによって理解しようとしており、宇宙物理学や量子論などの現代科学では、宇宙エネルギーが生命など万物を創出したとします。宇宙は原子が４％、暗黒物質23％、暗黒エネルギー73％であり、未知の部分の方がはるかに上回る。「宇宙の法則を支配しているのは結局、素粒子である」（小柴昌俊）。「物質の最小基本要素は、点ではなく、ひもである（超ひも理論）」「光は波であり、粒である。宇宙は一つではなく、多宇宙である」とさえ言われています。生命を創造したのはＤＮＡを意図的に設計した知的設計者がいるのではないか、宇宙意志があるのではないかという人もいます。ともあれ、宇宙的死生観では宇宙は１３８億歳であり現在も膨張しているという事実の中から生命を捉えているのです。宇宙全体が巨大な生命の流れの中にあり、このなかで一つひとつの生物は自分の種を保存し継続するという使命を果たすために、生死の営みを引き受けている。あらゆる種にとってその生命の流れは中断されてはならないのです。

では、生物が新種に進化を遂げることがあるのはなぜでしょうか。生命の流れを阻止してはならない。このことは生きるものすべてが守らなければならない原則ですが、それは特定の一つ種としてではなく、〝生命全体〟として生命のＤＮＡに課せられた使命なのです。恐竜が滅亡しても、哺乳類は生き残り、人類は繁栄してきました。今度は仮に地球上で人類が滅亡しても、また次の生命体が生き延びる努力をするでしょう。それが生命の法則ですから。

かつて６５５０万年前に巨大隕石の衝突によって恐竜が絶滅したように、今後も巨大隕石が地球に衝突して大規模な気候変動が起こり、人類が住めなくなる可能性もあります。そうでなくても11億年後には太陽の膨張により地球上の温度が上昇し、生命は存在できなくなるともいわれている。50億年後には太陽の寿命が尽きて、太陽系が滅びるといわれている。それまでに宇宙空間で暮らすか、他の惑星に移住できなければ人類は確実に滅亡することになります。宇宙開発の究極の目的は人類が種として存続するためであり、宇宙へ活動領域を広げていくことは「生物としての本能」なのです。人類は地球上でのみ生きていくべきであるということは全くありません。どんなに限界があろうとも生き延びるためには宇宙に飛び出す努力をするでしょう。それが生命の法則ですから。

この宇宙には銀河系だけで1千億個の星があり、学者の中には文明を持つ星だけで100万はあると予測する人もいて、大宇宙からみれば太陽系の地球に棲む人間など微粒にすぎないでしょう。宇宙には人類の他にも知的生命体が存在する可能性もある。仮に存在すれば、そのものも生き延びようとする。それが生命の法則であり宇宙の法則なのです。

宇宙全体には巨大なエネルギーの循環があり、生命もその一環だと考えるとき、一つひとつの生命体はこの生命の流れの中で自分の種を守るという使命を果たしていることになります。個体の命は生と死を引き受け、未来に向かっては個体を超えて存続し、永遠につながることを願う。生命の流れを阻止してはならない。これがDNAの使命なのです。

(3) 死は宇宙への帰還

なぜ死が怖いのでしょうか。死の苦痛も恐怖かもしれませんが、自己の肉体だけではなく、魂も何もかもが消滅してしまうことが恐怖なのです。では、どのように考えれば恐怖が解消されるでしょうか。

この解決には、人間を一個人の「意識主体」としてではなく、地球上の「生命種の一員」として捉え、人類は滅びても生命種が続くことに希望を託すような視点を持てばどうだろうか。

それにはまず、この世・あの世といった世界との和解が必要であり、自身が時間的にも空間的にも何か永遠なるものとつながるといった構想が求められます。それは、生死は時間が循環することであり、自身の肉体と宇宙とは連なっているといった考えです。

岸本英夫の言葉を借りれば、「宇宙の霊にかえって、永遠の休息に入る」「個人の生命力は、死後は大きな宇宙の生命力の中に溶け込む」のであり、死後に消滅してしまうのではなく、永遠なるものの中に自分に代わるべきものを残すことによって生命の存続をはかろうとするのです。

地球の水の半分近くは、太陽系自体より古いという。しかし、水素原子は、ビッグバン直後の１３８億年前にできたというのが実相らしい。その水素原子からなる水は、わたしの身体にも、目の前のアブラゼミの身体にもある。われわれは、ともに、『永遠』を体現している。（大井玄、49頁）

安斎育郎によれば、人体は18％が炭素でできており、火葬され二酸化炭素になり地球上に均一に広がれば、自分の一部だった炭素原子は地球上のどこにでも大気中に１ℓあたり11万個以上も含まれる計算になるとのことです。世界中でこれが光合成を通じて草となり動物が食べて肉となる。それを人間が食して血となり肉となる。地球上の炭素原子は増えても減ってもいないのだから、ある時代には徳川家康で、ある時代にはミミズだった部分があるかもしれないという。（安斎育郎、１７７頁）

紙を燃やして煙になるとする。すると紙がなくなったというが、なくなったのではなくて、これは灰の分子と煙の分子に変わっただけである。紙そのものの分子はずっと残っている。形が変わったというだけのことである。だから、ものが消えてなくなるということはない。分子の世界に「還る」のです。人間の死も同じことです。「還る」という概念を用いれば、死の真実とは消滅ではなく、宇宙エネルギーに「還る」ことです。今の自分の命は死によって「命の源に還る」ことで命の未来を創る一端を担っているのです。

永遠に生きるとは原子とともにあることです。この宇宙自体もまたエネルギーとして集束するかもしれません。ともかく、私たちはこの永久の宇宙エネルギーの循環の中にあるのです。

宇宙におけるエネルギーの総量という視点からは、５歳で死のうが、１００歳で死のうが変わりません。今の肉体を構成している原子が死後再び他の肉体を形成することがあるという意味では物質レベルでの「輪廻転生」は有りうることになります。しかし、そのことは現有している意識（魂）が継続していくことではありません。原子は前とは異なる細胞を構成していき、細胞が意識を生み出すとしても、異なる意識を生み出すことになる。意識レベルでは同じ意識が「輪廻転生」することはあり得ません。将来、クローン人間が誕生し、同じＤＮＡを有していても同じ精神を有した人間になるのではありません。生育環境により異なる意識が形成されていき、同じ人生経験の下で同じ精神性を有する人間になることはありません。似てはいるが非なるものです。原子は宇宙を循環していきますが、犬もネコも人間も、そのものとして在ったときの意識は復元不能であり、１回切りです。交換不能であるがゆえに、その時々の存在が尊い。だからこそ、この世の生に感謝して生きることが重要になるのです。

生命をエネルギーという視点から考えると、人間は自らの力で生きているのではなくて、生命エネルギーによって生かされているといえます。このエネルギーは自分が生まれる前から存在していたのですが、自分が生まれたときから、自分の生体としての活動を開始し、死ぬと、このエネルギーは他の容態としてエネルギーが移動していく。まさに自分の身体は生命を伴ったエネルギーの乗り物にすぎないのです。

科学の進歩と共に神仏や宇宙についての解釈や理解に変更が生じれば宗教の教義も宇宙論も変容していきます。しかし、不易なことがあります。それは、生死は生命の実相の違いでしかないということです。生命自体が宇宙から生まれた一瞬の波の動きのようなものであり、大海に波が起こった状態が生であり、大海と一つになった状態が死なのだということです。生死はいわば宇宙のリズム（根源的ゆらぎ）であり、このリズムの中に自分の生があるのであり、このため自分のなかにもこの宇宙のリズムを感じ、主体的能動的に受け入れることで一体感を感得すれば死苦を乗り越えていくことができる。ここに理性と感性が統合されていく。

〈参考文献〉

・安斎育郎「人間、死んだらどうなるのか」『週刊現代』第55巻12号、講談社、２０１３年４月６日

・大井玄「無常と永遠」『みすず』642号、2015年10月
・加藤尚武『死を迎える心構え』PHP研究所、2016年、224頁
・加藤典洋『日の沈む国から　政治・社会論集』岩波書店、2016年
・岸本英夫『死を見つめる心』講談社文庫、1973年

第３章　死の願望

いつのまにか老人となり、やがて治らぬ病を得て病棟か特別老人ホームのベッドに伏す。身体のそこらここらに痛みを感じながら、点滴や胃瘻、排痰の処置を受け、寝返りもままならなくなる。もはや床ずれの苦痛には終わりはない。「おむつ交換行きま〜す！」。掛け声が聞こえるとおむつとバケツを積んだ台車がガラガラと音を立てる。介護への感謝は充分に感じながらも、自身の尊厳性を失っていくような歯がゆさや不甲斐なさが募ることがないでしょうか。どうしても死にたい人なんていません。だが、生き続けることが、それ以上の苦痛になることがないでしょうか。それは家族や介護でお世話になっている方々へ迷惑をかけてしまっているという心の負担です。介護や医療に感じる不満を口に出せない鬱屈もあるでしょう。家族もなく、最期の世話をしてくれる人が誰もいないという人もいるでしょう。ならば、いっそう死んでしまいたい。ふと、そう思うことはないでしょうか。

1　自死の理由

いくら今は健康でも、突然、心筋梗塞などで体調が悪化することもある。いずれ加齢とともに関節、視聴、疲労などの問題が生じ、生活の質が下がっていき、日々生きるのが苦しくなる。このとき自分の「人生終結」をどう選択するのかが問われてきます。

老衰していけば高齢化が必ずしも人間の知的完成度を高めたり徳を高めたりすることに期待できなくなり、いずれ死を希望するようになるかもしれません。しかし、そうなったときには死にたくても、もはや死ぬ力がないでしょう。元気でなければ自死もできません。元気なうちに「死すべきとき」を自己決定しなければならないということが課題になってくるかもしれません。

死期が微妙に迫っている場合には、死期と「生きる質」をどう考えるかが問われます。これまで長い距離を歩いてきて、もうヘトヘトになっている。もしかしたら100歩は無理でもあと50歩ぐらいは歩けるかもしれない。だが、本人がもう歩くのを止めようとするとき、死に体になっていても、個人の尊厳とは関係なく、強引にあと数歩を連れていこうとするのだろうか。

百歳まで生きることは素晴らしいことですが、元気な長寿者は例外的です。日本は世界に誇れる長寿大国ですが、その現実は世界一の「寝たきり老人大国」です。病院や施設、自宅で寝たきりで漫然と生かされているのです。欧米の場合、自力で生活できなくなった時点で、どうやったら自然に死を迎えられるかを周囲が考えます。日本ではできる限り生かそうと考える。栄養剤の点滴、胃瘻、人工呼吸器を着け、どんな状態でも生きていればいいと考える。欧米では胃瘻を着けない。人工呼吸器を着けた時点でほとんど自力呼吸はできなくなる。人間を人工的に生かすことを生命への冒涜と捉え、胃瘻は「老人虐待」という。

「他者に迷惑をかけることが嫌だ」「ボケたまま生きることが恐怖だ」「医師から痛みを伴わずに生命を終わらせる薬を与えられる権利はあるのか」。たいていの人はそう思っているかもしれません。この底流には「生き恥」をさらすことを嫌がり、他者を気にする日本的風土と「死ぬ権利」といった欧米の個人主義があるように思えます。個人主義の定着している欧米人は個人の人生を謳歌しようとする。生きることに自己責任を持って行動し、死についても自己責任を持とうとする。自己決定を重視しており、個人が自己決定した自己の死についても肯定しやすいのだろうか。

これに対して「美しい死」を求めるのは日本的発想です。日本人には老いた醜い姿を人目にさらしたくない「老残と恥」の文化がないだろうか。「高齢化＝老化＝醜い（恥）」と思うことで、恥を忌避するために死を望みたくなることがないだろうか。命を縮めることに得心がいくのは、命の「質」への考慮が「長さ」への考慮を上回る場合です。もう死んでもいいと思えるときは、「人間らしい生き方」「自分らしい生き方」を優先し、もう他者に貢献することもなく、他者から必要とされないことも自覚し、他者に「迷惑をかけたくない」という結論に至ったときかもしれません。

だが、いくら死を希望しても死にはさまざまな恐怖がつきまといます。死の恐怖については次の自我欲求の喪失があると考えられます。

・生理的自我
　身体的機能を失う恐怖
・社会的自我
　社会的自我及び自尊心の喪失（家族や仕事上の役割）
・自己実現的自我
　個体としての自我の喪失（自分が消滅・断絶する恐怖）
・自己超越的（霊的）自我

最期になって我が身を自然に任せようとするのは、生命全体の賦活《ふかつ》を期待するアニミズム的生命観への回帰です。自然に抗するのではなく、自然の生命力に従うのです。自己の死という不条理が共有できるのは、家族や親族といった身内です。ここには命と情緒の連鎖や絆を感じるからです。身内が自分と運命と命を共有してくれているという安心感と連帯感により魂が癒されていくのです。

アニミズム的思考だけではなく、宗教的思考や科学的思考の中にも、その根底には死を「否定しようとする」態度と死を「自然の摂理として受容する」態度とがあります。

「なぜ自分が生まれ、なぜ死ななければならないのか」といったことは哲学的疑問です。自分の存在は親を通して生じたことであり、自己の都合で生を選んで生まれてきたのではありません。生死は与えられているものであり、生命の連続、遺伝子の連続といった自然の摂理の中で一個体は種全体の存続のために生き、死ぬのです。自己の生死が与えられてきたことに感謝の念を覚えるとき、人間的な合理主義では説明のつかない自然の摂理として受容でき、運命として身を任せることができる。このように自己を「自然（宇宙）の摂理の中の自己」というように自己と宇宙とを一体として捉えることが自我の救いになります。

死の否定から受容へと進むプロセスは「恐怖・不安・自我・憎しみ」から「感謝・知性・自立した精神」への移行であり、それには死が「意味あるもの」であらねばなりません。まったくの無意味なものであれば受容できません。

では、どうすれば死が受容できるようになるのでしょうか。

・最期まで積極的な生き方をする。

・死は新しい世界への旅立ちだと考えることで、死を突き抜ける。

・周囲との暖かいコミュニケーションをとる。
・終活をする。葬儀の準備、遺書など。

（大町、76〜77頁）

死を諦めて受け入れる場合と納得して受け入れる場合とでは違いがあります。諦めの死には人生に対して消極さや冷たさの感じを受け、コミュニケーションがどこかで切れてしまったような非連続性を感じ、遺族にももう少しできることがあったのではないかという心の濁りがあるでしょう。一方、受容の死には人生に対して積極的な感じや遺族や周囲にも、人間的な連続性やつながりが感じられ、遺族も介護や医療についてこれでよかったという心の澄みがあり、全体的な温かさを受けるでしょう。このため、故人が受容の死を遂げた場合には遺された者は、故人の死を「いい人生だった」と語れます。しかし、不慮な死を遂げた場合、遺族は総括そのものができません。生きてきた意味をこの世の段階にとどめていたのではまとめられません。あの世を持ち出して亡くなった人は今どうしているだろうかと、死後の物語を創らないと全体として「幸せな人生」だと総括できないのではないでしょうか。（大町、１６０頁）

自死へ至るには、自らに死を与えた理由、人生への未練の処理、決断へと至った過程、苦痛に対する恐怖の克服、死そのものへの不安ないし恐怖の克服、死後への不安・危惧への対処といったプロセスを経ることがあります。

須原一秀は死の受容について「能動的・積極的受容の５段階説」として次を述べています。

（須原、１２０〜１２２頁）

①「人生の全体の高」と「自分自身の高」についてのおおよその納得
・楽しいこと、うれしいこと、感激すること、苦しいことなどの経験を通して「人間が生まれて成長し、良いことも悪いこともあって、老化して、死んでゆく」という人生全体についてのおおよそを体で納得している。
・自分にできることとの範囲のおおよその見当と、自分のして来たこと全体に対するおおよその見通しを体で納得している。
・「極み」を達成することによって「自分は確かに生きた」という思いを日々体で納得している。

②死についての体感としての知識
・日ごろから自然死・事故死など熟考している。
・その結果、「自分の死」（一人称の死）と「縁者の死」（二人称の死）と「他人の死」（三人称の死）の違いを実感かつ体感として区別し、理解できる。

③「自分の死」についての主体性の確立
・「どんなに悲惨な形であってもかまわない。耐えて死んでみせる」という覚悟と共に

「自然死」を自ら選択し、ゆるがない。
・病気・老化・死という一連の運命に受動的に流されることを拒否するための方策として「意思的自死」の意義を確認し、心構えを構築する――（以下、略）
④キッカケ待ちとその意味づけ
・自然死派（共同体への種々の配慮と最後の瞬間までの生活様式の確立）
・人工死派（自らに納得できる決断の時期の設定とその理由付け、共同体と折り合いをつけるための配慮）
⑤能動的行動
・「さあ、来い！」という死を積極的に迎え撃つ心構えの構築
・「さあ、行くぞ！」という心構えで死に向かう積極行動

（須原、120〜122頁）

須原はこのように自死についての分析と整理をして自身が65歳の春、晴朗で健全で平常心で自死していった。

〈参考文献〉

・須原一秀『自死という生き方　覚悟して逝った哲学者』双葉社、2008年

2　命の「長さ」と「質」

虫はその命を全うする。多くの虫たちは春に生を受け、夏に活動し、秋には死んでいく。そのわずかの時にすべてを発散する。人間の生き方も然り。宇宙の時間に比してたかだか百年の人生は刹那にすぎない。できるだけ長く生きよ、作為的に生きよ、というのではありません。人間もそのわずかの時にすべてを発散することができれば、生きることへの執着から離れることができるのではないでしょうか。

次は、橋田壽賀子の死生観の一端です。

九十歳になって仕事がだんだん減ってきて、
ほかに考えることもなくなったら
「あ、もうすぐ死ぬんだ」
と考えるようになりました。

あとはもう、他人に面倒をかけたくないだけ。
迷惑をかけるなら、
そうなる前に死なせてもらいたい。

死に方とその時期の選択くらい、
自分でできないかなと思うのです。

天涯孤独の身であれば半身不随になり動けなくなり、認知症も始まると周囲に迷惑をかける。すると、何の役にも立たず、生きていることに意味がなくなっていくと感じる。このため、「自分で死を自由に選びたい」と思う気持ちも理解できます。しかし、そんなにしてまで生きていたくないと思っていても、脳がうまく活動しなくなれば、その判断がつかない状態で生きていることになり、医療により「生かされて」しまうのが実情です。死と生の狭間で様々な葛藤が生じてきます。

自分という存在は、言語のあまたある可能性のうちのほんの一つを、わずか八十年ほど過去から未来へと運ぶヴィークルつまり運搬具にすぎない。
西部邁

西部邁は2018年1月21日に自死しました。著書『保守の真髄』の中で、「自然死と呼ばれるもののほとんどは、実は偽装」であり、その実態は「病院死」だと指摘している。自身は生の最期を他人に命令されたり、もてあそばれたくないとし、「自裁死」を選択する可能性を示唆していました。西部には自殺への覚悟は早い段階からあったようです。１９９４年に発表した『死生論』の中で余力のあるうちに自殺に及ぶ「簡便死」を選びたいと公表しており、最近の著作でも自殺について度々触れていました。２０１７年６月に刊行した『ファシスタたらんとした者』では次のように書いていた。

簡単にいうと「近親者を含め他者に貢献すること少なきにもかかわらず、過大な迷惑をかけても生き延びようとすること、それこそが自分の生を腐らせるニヒリズムの根だ」と考えたということだ。

他人に看病を強いるのは自分には耐えられない気苦労であり、今の自分を完結していったのです。人生の「長さ」よりも「質」を選択するという西部の自死は、死に対する態度の大きな転換を示唆していないだろうか。

佐伯啓思は西部の死について「その苛烈で見事な生きざま」と題して次のように述べている。

数時間前に西部邁先生の逝去の報を受け、これを書いている。苛烈で見事な生であり、死であった。その死に対して何事か否定的な感想を述べる人があるとすれば、見当はずれである。その周到に検討され、おそらくはいくたびもご自身のうちで反芻され、最終的に他にはありえない残された唯一の方途として選び取られたその死に対して、他人が口を差し挟む筋合いではあるまい。西部先生は、いかなる微細なものごとや言動に至るまで、徹底して意識的であり、意図的であろうとされた。つまり、主知主義というものに対し全面的に付き従う意思をもち、それを可能な限り実行されようとした。そういう方が、ご自身の人生の最終局面の選択について、これ以上に突き詰めた選択はありえない。残された者の思いは様々あれ、その激しい生きざまにふさわしい死であった。（以下、略）

（佐伯啓思、３２６頁）

西部に対して、三島由紀夫の日本の未来を憂う自死は何かを達成したというより、むしろ非業の死であったろう。三島は割腹の約4か月前に「このまま行ったら『日本』はなくなってしまうのではないかという感を日ましに深くする。日本はなくなって、その代わりに、無機的な、からっぽな、ニュートラルな、中間色の、富裕な、抜け目がない、或る経済的大国が極東の一角に残るのであろう」（産経新聞夕刊、昭和45年7月7日）という言葉を残している。

何かから逃れるために死ぬ。そうでなければ、何かのために死ぬ。老醜と自然死に巻き込まれると、「自分らしさ」「自尊心」「主体性」が維持できなくなるので、その3点を守るために死ぬ。そういった西部の自死は自身が充分に考え抜いた末の「積極的自死」であり、「究極の自己実現」なのだろうか。

しかし、このような自死は安易な自殺や他を巻き添えにするような犯罪的自殺といった「逃避的自殺」とは区別されなければなりません。これまでは大多数の人たちは延命とまではいかなくても「自然死」を望む人が多かった。しかし、これからは天命を全うする前に「自死」を選ぶ人が増えるかもしれない。薬品注入パイプに繋がれた状態での延命や老醜に対する嫌悪感が高まり、人生に対しては「長さ」よりも「質」を求め、安楽死を含めて自死を希望することが多くなるかもしれません。いつまでも「あと一日だけ生きていたい」と思っていては、いつまでも実行できません。自死には体力も気力も必要であり、老衰していては実行できない。自死の実行には体力と強い意志を要します。

他者が自死を主体的に判断したことに対して声高に肯定することも否定することも慎まなければなりませんが、ここで学ぶべきことは自然死がよいとか自死も選択肢だという問題ではなく、死を想うことで、いかにして自分の生の質を高めるかが問われているのです。西部は自らの死を通して私たち一人ひとりに自身の「命の長さ（Lifespan）」と「生の質（Quality of Life）」について問うているのです。

〈参考文献〉

・佐伯啓思「その苛烈で見事な生きざま」『正論』２０１８年3月号
・橋田壽賀子『安楽死で死なせて下さい』文春新書、２０１７年

・西部邁『保守の真髄』講談社現代新書、２０１７年

３　死の質を高める

「生の質：ＱＯＬ（Quality of Life）」は「死の質：ＱＯＤ（Quality of Death）」と共に語れなければなりません。一般にＱＯＬは「生活の質」として捉えられていますが、「生命」や「人生」の質という意味もあります。このためＱＯＬを高めるには生命力を強め、人生を豊かにする努力を重視します。だが、このことが生きることを善とし、死を悪として排除することが目的であってはなりません。生や死は善でも悪でもなく、ただ受け入れるべきものであり、むしろいかによく死んでいくか（善逝）が問われるべきです。

「死の質を高める」とは「死後の質」を高めること、つまり何かのために死ぬとか歴史に名を残すことのように捉える人もいるでしょう。それもあるでしょうが、誰もがそうできるわけではありません。しかし、尊厳性を保ちながら死を迎えることだとすると、死に至るプロセスに人間としての尊厳性をもたせることが死の質を高めることになります。ただプライドを持てというのではありません。リスペクトを持とうというのです。生きてきたその人らしさを大切にすると共に生命そのものに対して敬意を持つことです。生命に対する敬意があれば、どのような死も大切に迎えられる。

死を語れる相手として「かかりつけ医」という位置づけがあります。２０１７年12月、日本医師会の生命倫理懇談会の報告書「超高齢社会と終末期医療」にはＱＯＤを「死に向かう医療の質」として、かかりつけ医の役割が重要であると書かれています。ＱＯＤという言葉の普及により以前は語ることが憚れた死が語れるようになってきています。

『どうせ死ぬなら「がん」がいい』（中村・近藤、２０１２年）には、「私たち人間はみな、致死率１００％の未決の死刑囚である」「食道癌の治療を拒否して、３週間食べ物をたべなかったら安らかに衰弱死した」とある。健康な状態では飲まず食わずの飢餓感はつらいが、老いて衰弱したら食欲も喉の渇きもなくなり、そういう状態を受け入れたら自然に安らかに死ねるというのです。野生の老いた象は自分の死を受け入れることを決意すると自ら食べることをやめる。食べるのをやめた象はわずか1日で死にいたってしまう。その死は静かで平和な死だそうです。このことを知ると、「自分の人生の身じまい方は自分で決めたい」と思う人もいるでしょう。人間に当てはめるには賛否両論があるでしょうが、賛同する人は意識がなくなったり呆けて判断能力がなくなったりした状態で、あるいはいつ死ねるかわからない植物人間の状態のままで医者や家族に生かされるような人生は送りたくないと思っているでしょう。

では、自死ではないにしろ、野生の象が「自分が死ぬべきポイントを自分で決める」ように誇りある逝き方をするにはどうすればよいのでしょうか。それは老いた自分が「今日死んでもよい」と考えることができるように、悔いのない人生を送ることではないでしょうか。そのためには、「やりたいと思ったことを今やれる範囲内でやっておくこと」や「今の自分の能力の範囲内で社会貢献を果たすこと」が鍵になるのではないでしょうか。自分の欲求を満たすだけでは幸福にはなれません。自分の持つ能力を発揮し、他人に役立つことで充実感を得られる。「自己の欲求満足」と「他者貢献」の両立こそが「いい人生だった。自分の人生を終わりにしていい」と言いながら死にゆくことができる鍵になるのではないでしょうか。後悔しないためには残りの人生を逆算して、今何ができるか考えてみてはいかがでしょうか。

〈参考文献〉
・久坂部羊『日本人の死に時』幻冬舎新書、2007年
・シャーウィン・B・ヌーランド、鈴木主税訳『人間らしい死に方』河出書房新社、1995年
・須原一秀『自死という生き方　覚悟して逝った哲学者』双葉社、2008年、215〜217頁
・中村仁一・近藤誠著『どうせ死ぬなら「がん」がいい』宝島新書、2012年

4　人の死を受け入れられるか

愛する人が脳死になったら、その人の死を受け入れられるだろうか。
心臓移植の提供者は少ない。他の臓器は心臓が止まっていてもよいが、心臓は動いている脳

死者からしか移植ができません。誰かに心臓を提供しようとするとき、まだ心臓が動いているのです。このとき容易には生を断念できないのではないでしょうか。たとえ脳死状態になっても、人間存在は人間存在である。その人がそこに居るというだけで、まわりの人たちはその人との関わりをもっている。その人がまわりの人を生かしているのです。臓器移植には多大な心痛を伴うことも確かであり、その実施には個体を超えた生命の継続という崇高な希望に癒しを感じる以外ありません。

脳死状態の人を死者として受け入れることの難しさには高次の脳機能の喪失は人格の死であり、人間の死であるとすることに対していくつかの疑問があるからです。

はたして、そもそも本当に「脳機能の喪失により、もはや人格ではなく、人格を回復する可能性がない」と言えるのでしょうか。脳死や植物状態の回復が不可能であるとする不可逆性の証明ができるのでしょうか。

２０１６年、米国のバイオテクノロジー企業が脳死した患者を甦らせる治療法を発表しました。脳死した本人の幹細胞を取り出して培養し、脳に戻して新たな脳神経の再生を促すことで脳の機能を回復させる。すると、自力呼吸が可能になり、視覚認知機能も取り戻せるという。だが、脳の蘇生により大脳の神経ネットワークが再構築されれば、以前とは別の記憶と別の人格になる可能性があるという。では、脳死から復活した人物は以前と同じ人間といえるのだろうか。もし脳死者復活の治療法が確立されれば死の概念が覆ることになり、臓器移植にも問題を投げかけることになるでしょう。今は医学の判断に基づき死の定義を道徳的、哲学的、宗教的に捉え直されていますが、医学技術が劇的に進歩するかもしれない未来の人類がどう判断するのかは分かりません。

〈参考〉
・「人体蘇生」「フランケンシュタインの誘惑E＋」NHK　Eテレ、2019年4月4日放送

5　人生終結の選択

I want to receive euthanasia while I am still myself.
私が私であるうちに安楽死をほどこしてください。

生きることも死ぬことも私に与えられた権利であり、いつどうやって死ぬのか、自分の希望に従い決めることが大事だ。このように生きる権利と同じく死ぬ権利を主張する人もいるでしょう。命の終わりをどう迎えるのか、大切な人をどう見送るのか。多死時代を迎える今日、近々に直面する問題になります。
誰でも希望すれば、すぐに死ぬことができるのでしょうか。簡単ではありませんが、海外で

は安楽死を受け入れているところもあります。安楽死には、薬剤の使用などの「積極的安楽死」と、延命治療をしないなどの「消極的安楽死」（尊厳死）があります。

宮下洋一は『安楽死を遂げるまで』の中で、欧米の実際の安楽死に立会いながら詳細な報告と考察を重ねている。ここでは同著を参考にしながら問題点をいくつかまとめてみました。

《安楽死　反対》

・自殺と変わらない。
・遺された家族は悲しい。
・生死は自分で決められない。

《安楽死　賛成》

・辛いまま生きていたくない。
・家族に迷惑をかけたくない。
・死に方は個人の自由。

《安楽死の種類》

・積極的安楽死（狭義の安楽死）
　不治で末期に至った患者に苦痛を取り除くため医師が薬物を投与し、患者の死期を早めること。

・消極的安楽死（尊厳死）
　不治で末期に至った患者の自らの意思で延命治療（措置）を断り、または中止し、自然死を迎えること。日本では一般的に消極的安楽死を「尊厳死」と呼びますが、世界では皆「尊厳死」です。老衰患者の胃瘻処置、末期癌患者の延命措置など。
・セデーション（終末期鎮静）
　終末期の患者に投与した緩和ケア用の薬物が、結果的に生命を短縮すること。間接的安楽死。末期癌患者に薬を投与し、意識レベルを下げることで苦痛から解放するとともに水分、栄養の補給を行わず死に向かわせる医療措置など。
・自殺幇助
　医師または第三者により与えられた致死薬またはその他の方法で患者自身が命を絶つこと。

《安楽死に必要な主要件：自殺幇助が許可される基準》
・耐え難い苦痛がある。
・回復の見込みがない。死が避けられず、その死期が迫っている。
・明確な意思表示ができる。
・治療の代替手段がない。

「積極的安楽死」は不治で末期に至った患者の苦痛を取り除くため医師など第三者が患者の死期を早めることであり、「尊厳死」（消極的安楽死）は、不治で末期に至った患者の意思で延命措置を断り自然死を迎えることです。自然死が人間本来の死に方でしたが、一分一秒を延命するという医療の立場もあり、今、その判断が揺れている。２００２年にオランダで安楽死法が施行され、積極的安楽死が認められた。消極的安楽死も通常の医療行為と見なされている。他にもオランダ、スイス、ベルギー、ルクセンブルグ、カナダ、アメリカの一部の州、コロンビアなどでは安楽死は合法化されています。だが、安楽死の合法化は患者の「死ぬ権利」ではなく、医師が法の下で死を管理する「死の医療化」にならないかという懸念もあります。

　アメリカでは安楽死や自殺幇助は違法だが、尊厳死は合法という暗黙の了解があるという。このこともあり、「Euthanasia」（安楽死）、「Assisted Suicide」（自殺幇助）という言葉は医師が患者の最期を操作するイメージがつきまとうといって使いたがらず、代わりに「Death with Dignity」（尊厳死）を用いるという。世界的にも「Assisted Suicide」（自殺幇助）という言葉には、Suicide（自殺）という名詞を使うことで生を諦めるイメージがあり、「Assisted Voluntary Death」に改める専門家や団体が出てきています。

　安楽死を行う人々にはある特徴があるという。それは「４Ｗ」。つまり、白人（White）、裕福（Wealth）、心配性（Worried）、高学歴（Well-educated）というのです。白人だけの問題ではないでしょうが、ある程度裕福で、死の恐怖に対して心配し、安楽死についての知識もあり、これまでも思い通り生きてきており、そんな人が死に際を自分で決めたがるのだろうか。自殺を禁じるキリスト教信仰が薄れ、自己決定を重んじ、自己の生死をも管理したいと考えているのかもしれません。

安楽死に対して賛成する人も多くいますが、自殺幇助となる積極的安楽死は日本では認められておらず、違法です。致死薬の処方・投与といった積極的な安楽死は認められていません。日本では延命措置の中止・差し控えは消極的安楽死（尊厳死）といわれ、終末期医療の現場で行われ始めています。

安楽死とは、人の死そのものが安楽なものになるのではありません。せめて死の苦痛の減少という意味あいにすぎません。それでも人生最期の疼痛緩和は患者の強い願いであることには違いありません。緩和ケアは本人の肉体的・精神的苦痛を和らげるためだけでなく、看取る家族の心理的ケアにもなります。緩和ケアを受けることは治療を諦めたときではなく、治療の当初から質の高い緩和ケアが必要です。死は悲しいことですが、緩和ケアに本人の明確な意思があることで「個人の死」が成立し、家族も納得できます。大切なことは本人がきちんと別れが言え、家族が本人の気持ちを尊重することです。死にゆく者が遺される者に対して「生きてきて幸せだった」と言う言葉はこれから生きていこうとする人たちの支えになる。

ホスピス医の小澤竹俊は、人生の最期を迎えた患者の多くが人生を振り返り、価値観が変わるほどの気付きを得るという。死ぬときに幸福な人に共通することとして、「自分で自分を否定しない」「新しい一歩を踏み出す」「不平不満があっても家族に心からの愛情を示す」「一期一会の出会いに感謝する」「この瞬間を楽しむ」「夢や希望を他人にゆだねる」「今日一日を大切に過ごす」などがあるという。そこにあるのは自己肯定・常に挑戦・愛・感謝・死後の期待といったポジティブな姿勢です。なにげない日常の中に人生にとって大切なものがあり、幸せとは何かを気付かせてくれます。

はたして長寿は至上の価値なのでしょうか。高齢化した日本では高齢者批判はタブーであり、終末期医療がいかに無駄であるか批判すると、「年寄りは早く死ねというのか」という声が返ってくる。生命は代替ができず、その重要性は理解できる。だが、「死ぬに死ねない。無理に生かされる」高齢者にはどうなのであろうか。人間の尊厳を損なうと同時に莫大な費用がかかるという現実もあり、若い人たちが終末高齢者の医療費を払い続けることになる。金の切れ目が命の切れ目といったように、人の生命や寿命といったことを経済の論理で判断することには抵抗がありますが、ただ長寿至上であるのではなく、生命の長短にかかわらない「生命の質」「死の質」について現実対応した考えが萌芽していくのではないだろうか。

人間の「生」については、かつては神の領域として忌避されていた生殖医療の人工化が受け入れられるようになってきています。「死」についても、今は末期癌患者に苦痛緩和のためにモルヒネを投与するなど人の力を借りて安楽死を図ることが徐々に受け入れられようとしています。神の領域であった生死が人工的になろうとしている。主体者の意志を最大限に尊重するのであれば尊厳死として薬物等の利用を含めた自死について寛容な社会になるかもしれません。

山折哲雄は『ひとりの覚悟─人生の幕引きは自分で決める』の中で、日本で認められていない安楽死の問題について「90歳以上の解禁」を提言しています。自分の最期は自分で決めたいとして、高齢社会の今、国をあげて理想の逝き方を話し合うときではないだろうかと問題提起している。

「自分の最後は自分で決めたい。家族などに世話や迷惑をかけたくない。耐え難い痛みや辛い思いをしてまで延命したくない。安楽死制度を使いたくない人は使わなくてもよい。人生の選択肢の一つとしてあるとお守りのように安心」。これは政治団体「安楽死制度を考える会」が令和元年7月の参議院議員選挙で主張したことです。日本でも安楽死容認についての関心が萌芽してきていることは確かです。人類の未来では安楽死の範囲の拡大に対して寛容になり、老醜を拒否する尊厳性のある自死が徐々に広がっていくと、生と死を人工的に制御することが時代の趨勢になるかもしれません。

動物は死期が近づくと自ら身を処したが、人間は自然の摂理に反して老衰後いつまでも命を延ばそうとする。それを嫌う自死希望も増大している。自死に寛容になっても自死を推進する社会になれば不幸です。誰もが得心できる生であり死であることが人生を完結させる。だから死について哲学をするのです。

〈参考文献等〉

・小澤竹俊『「死ぬとき幸福な人」に共通する7つのこと』アスコム、２０１８年
・富家孝「『悲しき長寿大国』で健康寿命を延ばすには―寝たきりでも無理に生かす日本の医療」『別冊正論45　非常高齢社会』産経新聞社、２０１８年、１３６~１４６頁
・松田純『安楽死・尊厳死の現在』中公新書、２０１９年
・宮本顕二、宮本礼子『欧米に寝たきり老人はいない―自分で決める人生最後の医療』中央公論新社、２０１５年
・宮下洋一『安楽死を遂げるまで』小学館、２０１７年
・宮下洋一『安楽死を遂げた日本人』小学館、２０１９年
・山折哲雄『ひとりの覚悟―人生の幕引きは自分で決める』ポプラ社、２０１９年
・「終末期の患者に治療を控える選択肢」産経新聞、２０１８年4月4日
・「ビートたけしのＴＶタックル」２０１７年12月24日放送

第4章 「人生」からの問い

〝Life〟には「生命、生活、人生」という3つのレベルがあり、人間の存在は全てのレベルにあります。仮に人生レベルで失意しても、生活レベル、生命レベルでは、まったくの無駄ということはありません。生命レベルは根源的かつ宇宙的視点ですが、生活や人生レベルになるにつれて「人間」が主体的になります。だが、宇宙に存在するものは人間だけではありません。人間は宇宙に包まれて存在しているのですが、そのことから乖離していき、人間が宇宙を支配するように考えるようになると、人間は個人としての自己の存在意味を求めていくようになります。根源から離れていく人間中心主義の結末は個人主義になっていきます。人間を中心に考えて宇宙に自己の存在意味を問うても回答が得られないで苦悩するだけです。むしろ、宇宙の視点から自己を眺めるとき、人間としての存在の役割が見えてくるでしょう。

1 「生命から問われる」ということ

・生命は有限・無二である。

・生命は宇宙に生まれ、宇宙に帰す。
・生命は意思に先立つ。
・人間は、生命の側から生き方が問われている。

宇宙全体のエネルギーの総量は変わらないといわれています。総量が同じですので、今後も宇宙が膨張し続ければ個々の量子エネルギーは弱まります。すると、いずれ万物は存在し難くなります。今この時に生きている人間は、自身の力で生きているのではなくて、生命エネルギーによって生かされているのです。このエネルギーは自分が生まれる前から存在していたのですが、自分が生まれたときに生体としての活動を開始し、死ぬとこのエネルギーは他の容態としてエネルギーが移動していくことになります。自分の身体は生命を伴ったエネルギーの乗り物のようなものです。

人間と宇宙の関係では、宇宙が生まれ、生命が誕生し、そして人間に意思が形成されたのです。宇宙より先に、生命より先に、人間の意思があったのではありません。このため人間が自身に生きる意味を問うのではなく、むしろ宇宙や生命の側が後発の人間に対して生きる意味を問うているのかもしれません。宇宙や生命の方からこそ、私たちは今ここに生存することの意味が問われているのです。

自分はこんなものじゃない。自分の人生の意味は何だ、と問うことがあるでしょう。しかし、フランクルによれば、自分が人生に対して意味を問うのではなく、人生の方から自分に向かって意味が問われているというのです。

オーストリアの精神医学者のV・E・フランクルは、絶望の淵に立たされても、「私たちは問われている存在なのです」（山田・松田、27頁）という言葉を述べました。ナチス支配下のドイツではユダヤ人をはじめ多くの差別された人々が強制収容所に送られた。苛酷な労働を強いられ、病に斃れ、餓死し、ガス室で虐殺され、何百万もの命が奪われた。囚人として生き抜いたフランクルは、そこでの体験と人々の姿を透徹した目で見つめたのでした。

収容所では人間としての尊厳を奪い取られ、運命にも弄ばれるだけの存在となった人々は、もはや自分は生きる価値のないものとしか思えなくなった。「生きる意味」というものが自分の立てた人生設計に沿って追求され、実現されていくものだとすれば、強制収容所の囚人たちにはそのような自分の生きる意味を実現することはおろか、それを追求する可能性さえも奪われていた。しかし、ある囚人が絶望のあまり「生きていくことに、もう期待が持てない」と言ったことに対して、フランクルは「私たちが〈生きる意味があるか〉と問うのは、はじめから誤っている。人生こそが問いを出し私たちに問いを提起しているのだから」と言った。その囚人には彼のことを愛し、待ち焦がれて異国に住む一人娘がいた。その娘の存在によって、生きることの「掛けがえのなさ」と「責任」に気付き、生きる勇気が与えられたという。

ここでは「生きる意味」への問いについて、人生に何かを期待するのではなく、「人生から何を期待されているか」という転換がなされています。フランクルはこの問いの転換によって、人生はいかなる状況においても決して無意味にはなりえないとするのです。生きるということは、このように自分の人生からの自分への不断の問いかけ、呼びかけに対する〝応答〟として生きているというのです。

「人生に向かう問い」は自分の願望を出発点としているが、「人生から問われている」とする視点では他者を含むものとのストーリーを基軸としている。自分の人生は自分だけのものではない。そう思えるとき、生きる力は自分を超えたところから湧いてくる。

〈参考文献〉

・山田邦男・松田美佳訳『それでも人生にイエスと言う』春秋社、1993年、27頁

2　生かされる

わたくしは死んではいけない　わたくしが死ぬときあなたがほんたうに死ぬ

死者は、生者の記憶のなかにしか生きられない

（河野裕子、永田和宏、2011年）

死者に生かされる。そんな「生」がある。故人の夢や幻覚・幻聴を体験するのは急に亡くなった場合など、まだ死が受け入れられないときに生じます。遺族の心が癒されていないのです。このため、故人の死をゆっくりじっくりと受け入れていく作業が必要になる。

三木清は、死んだ愛する妻を思い起こすことで自分の中には妻が生きているのであり、自分が死んでも自分のことを思い出してくれる子どもの存在があれば、その思いの中で生きていけるとしています。真に愛するものがあるなら、そのことが自分の永生を約束するというように、死後に自分が還っていくべき所を持っていることで安心して死ねるというのです。

金菱清監修『私の夢まで、会いに来てくれた』では、東日本大震災の遺族の見る夢には死者に生かされるような「生」があるという。妻と次女を失った40代男性が「震災1ヶ月後の夢で『戻りたい』と嘆いた妻が5年後に見た夢では『どこにも行かないよ』と夫を励まし、指切りをした」という。夢が生きる力になっており、金菱は「夢は、遺族が前を向こうとする魂（いのち）の律動（はたらき）」であり、遺族が夢によって支えられている「〝夢〟援」だとしています。（金菱、２０１８年）

故人を思い出すことがつらい。思い出すことが、せめてもの慰めになる。故人からの教えにもなるので、風化させてはならない。

亡き人のかつて居た場所や遺品を見れば、なぜそこにいないのかというさまざまな思いがこみ上げてくる。遺品が故人を偲ぶよすがになるなら捨てる訳にはいかない。いくら歎いても故人が蘇ることはない。故人の思い出に向かって語り続けることしかない。思い出は悲しみを蘇らせる。しかし、思い出は同時にその悲しみを和らげる。思い出を育てながら、静かな深い安らぎに至る。死別してからも深まる愛もある。

〈参考文献〉

・加藤尚武「思い出を育てる大切さ」産経新聞、2018年3月9日
・金菱清監修『私の夢まで、会いに来てくれた』2018年
・河野裕子、永田和宏『たとへば君―四十年の恋歌』文藝春秋、2011年
・「産経抄」産経新聞、2018年3月11日
・三木清『人生論ノート』新潮文庫、1954年

3　人間存在の3原則

・人間は、生かされている存在である。
・人間は、よく生きようとする存在である。

・人間は、関係性の中で生きている存在である。

（1）人間は生かされている

万物はビッグ・バンで誕生して以来、宇宙年齢138億歳になります。人は皆、宇宙の一部であり、死後は宇宙物質として他の生成にかかわることになります。無駄な死など一切ありません。しかし、この宇宙においても太陽の余命40億年、地球上生命の余命11億年であるとも言われています。チンパンジーもナメクジもバナナも、人類も宇宙の中に於いて一瞬の刹那の中に生きているといえるでしょう。宇宙的視点で、今ここに生きている自分を見つめ直すとき、自分が生命の主体者のように自身の人生に対して生きる意味を問うのではなく、宇宙（生命）の方から自分に、生かされて存在していることの意味が問われていることに気づくでしょう。

村上和雄は、私たちの体は宇宙や地球の元素を借りてできあがっており、生物の体は宇宙や地球の元素を材料にした造形物だとします。体は食べ物などを通じて元素を取り込み生をつないでいて、自分の体はいわば宇宙や地球からの借り物の〝器〟のようなものだというのです。いずれは生命の器を地球や宇宙に返さなければならないときがやってきて、生物が死ねば地球に還り、また次の〝器〟として使われていく。このように私たちの身体の中には確実に古代の魚類や恐竜の身体をつくっていたかもしれない水素や炭素を持っているとしています。（村上和雄、168~169頁）

人間が宇宙の一員であることは、例えば人の呼吸のリズムと地球との関係でも分かります。人の呼吸は1分間に18回。これは太陽が熱を放射する回数、海の波が浜に打ち寄せる回数であり、呼吸の正常な回数もこのリズムが一番落ち着くという。（『雑談力』141頁）

地球上の他の生物と人間との遺伝子の関係ではどうでしょうか。「ヒトとチンパンジーのDNAは98・8％まで同じ」（山田法胤、149頁）であり、「人間のDNA配列はどの人も99・9％同じで、わずか0・1％の差がその人の体質や特徴を決める。ちなみに人間とナメクジとは70％、バナナとも50％同じ」（『雑談力』150頁）とされています。人間と遺伝子が近しいことから生命の次元ではナメクジもバナナも遠い親戚のような親しみを覚えませんか。

人間は自分の意志で生まれてきて、自分たちだけで生きているのではありません。人間は自然の一部であり、天地自然の法則の中で生かされている存在です。他の動植物を無視した人間中心主義の傲慢な在り方への自省、いわゆる「宇宙的謙遜」（ラワリーズ、ロンドン大学）が求められます。

(2) よく生きようとする存在

人間には、自らを高めようとする指向性があります。仏法の「動執生疑《どうしゅうしょうぎ》」とは、小さな枠に執着する心を揺さぶり、その考えに疑いを生じさせることによってより高い次元に目を開かせていくという変革の原理です。

誰も自分自身のことは見えにくい。先入観にとらわれ、現状に安住すれば成長は止まります。自分にも他人にも見えない自分がいる。だから身の丈を知ることも大事だが、殻に籠もることも慎まねばなりません。自分は自分であって自分ではない。それは自己の崩壊ではなく、常に新しい次元の自分になることです。

(3) 他との「つながり」のなかで存在

高齢や病気になると自立した生活を送ることが難しくなります。だが、自立とは自分の力だけで生きようとするのではなく、必要な援助を求めたり活用したりして自分らしい生活を実現していくことです。援助を受けながらも、その人が目標に向かって、より充実した生活ができるようになることが大切です。

人間は社会的存在であり、一人では生きてはいない。人間は生かされており、よく生きようとしており、他との「つながり」の中で存在している。「ありがとう。この人と一緒に生きられてよかった」という感謝の思いとともにお互いの存在価値を高めていければよい。

〈参考文献〉

・加藤尚武『死を迎える心構え』ＰＨＰ研究所、２０１６年
・加藤尚武「思い出を育てる大切さ」産経新聞、２０１８年3月9日

・『会話に困らない！「使える雑談力」１５００』西東社
・佐藤愛子『ああ面白かったと言って死にたい』海竜社、２０１２年
・『雑談力』西東社、２０１７年、１４１頁
・ステン・Ｆ・オデンワルド著、塩原通緒訳、加藤賢一監修『宇宙３００の大疑問』講談社、２０００年
・村上和雄『運命の暗号』幻冬社、２００８年、１６８〜１６９頁
・山田法胤『仏陀に学ぶ　とらわれない生き方』アスコム、２０１１年、１４９頁

第5章　死は怖くない

国連経済社会局は、世界人口が２１００年に１１２億人に達するとの予測を発表しています。それによるとインドの人口は16億６千万人、中国は10億４００万人となり、両国だけで世界人口の２３・８％を占める。日本は８３００万人。また、世界全体の平均寿命は８３・２歳、日本は９３・７歳になる。高齢化も進み、60歳以上の人口は世界全体で３倍以上になるとされています。（産経新聞、２０１５年7月30日）

では、いったい人間はどれくらい生きることができるのでしょうか。世界一長生きした人間は、１２２歳１６４日。仏女性のジャンヌ・ルイーズ・カルマン。男性の世界一は木村次郎右衛門（１１６歳54日）。１００歳以上は日本で６万人を超えるが、１１０歳以上は世界で１００人弱とされています。（『会話に困らない！「使える雑談力」１５００』西東社、１５３頁、１７６頁）

このようななかで、あなたはどのようなことが幸せなのでしょうか。

いつまでも若いままでいることが幸せである。
永遠に死なないことが幸せである。

長生きし過ぎないで、適当な頃合に死ぬことが幸せである。
死んでも、生まれ変わることが幸せである。
もう「生まれない」ことが幸せである。

生きていることが幸せであっても、永遠に生きることが幸せなのでしょうか。適当な頃に死ぬことが幸せであれば、結局は死ぬことが幸せになります。生きることも死ぬことも幸せと言えます。しかし、死については恐怖がつきまといます。どうして安心して死を迎えることができないのでしょうか。どのように考えれば安堵な死を迎えることができるのでしょうか。

今や日本では多死社会を迎えようとしており、日々、終活や健康寿命、延命措置、尊厳死、安楽死、自死、老前整理など死に関連した事柄が語られています。各自がどう生き、どう人生を終えるかを考えることがますます求められていきます。漠然と死について考えるのではなく、自分の死を具体的に明確化させた人は今まで生きてきた同じ風景の中にもこれまでと異なった価値を発見して感動します。有限の生命を有意義に生かさせていただくという気持ちになり、与えられている命をどうやって有効に活用していったらよいのか、どうすれば死を受け入れられるのか、どう生きればよいのかを考えるようになります。残りの人生の「生き甲斐」と「死に甲斐」について熟考するようになるのです。この意味では若い頃からも死生学について学び、死について考えていくことはその人の人生を輝かせるうえでとても重要なことになります。

1　老後の恐怖の解消

５人に１人が認知症になり、２人に１人が癌になる時代です。高齢者にとって、寝たきり、認知症、経済的不安、孤独など、このような不安と恐怖をどう克服できるのかが最大の関心事になります。老後には仮に経済力はなくとも時間はたっぷりあります。しかし経済力も時間もなくなってくると心理的にゆとりがなくなってきます。すると日常生活にさまざまな不具合が生じてきます。この予防のためには、怠惰、諦め、開き直り、安住をせず、常に目標を持ち、自助自立の道を切り開くなどして感情の方から老け込まないことです。

機能の衰えを抑え、認知症を予防していくことはできます。認知症予防には次のことがあります。

Ａ：歩く（体を活かす：足は第２の心臓）
Ｋ：関心・感動・感謝（心を活かす：嬉しい♪楽しい♪大好き）
Ｂ：バランス（脳を活かす：社会交流、主・客の均衡）
〝anti-aging〟から〝well-aging〟へ

歩くことは人間が動物としての基本です。足は第２の心臓とも言われています。ジョギングでなくとも適度に歩くだけでも血流が改善され心臓も脳も活性化されます。

次に、関心・感動・感謝といった３つの感性を活発にすることです。日常生活を「嬉しい・楽しい・大好き」というように肯定的に捉えていければ周囲を明るくし、人間関係が劇的に好転していきます。常に自己研鑽に努め、気持ちの通える人と語らうと同時に意図的にたくさんの新しい人と会話をすることです。自己実現、愛、笑いを求めて、社会とのつながりのなかで自己の存在価値を高める。仲間を作る努力をする。家族内の絆を強靭にする。自然に接する。異性へ関心を持つといったことを心がけたいものです。

最後に、何事にもバランスが重要です。偏りが生命の停滞をもたらします。食事も会話もバランスを取ることが重要です。テレビも受動的に観るのではなく、頭を使う。本を読む。脳トレ。毎日、文章を書く。人間関係も同性ばかりに偏るのではなく、異性とも交流があることが感性を豊かにし、長寿につながります。


これまで老化を否定し、老化に抗する〝anti-aging〟の考えが主流でした。しかし、老化は自然の在り方であり、いつまでも抗えるものでもありません。むしろ、いかに加齢を受け入れて美しく健やかに年齢を重ねていくかといった〝well-aging〟を考えることこそ重要です。闇雲に加齢に抗するのではなく、上手に加齢していくことが問われます。

老化による病気を防ぎ、長生きでき、仮に寿命が１００歳以上の社会が実現したとしても、本当にそれは幸せなことなのでしょうか。医療技術による延命は死の先延ばしであり、運命からの「逃避」ではないでしょうか。むしろ、死を真正面から受け入れる哲学の構築こそが真に人間を幸せに導くのではないでしょうか。

〈参考文献〉

・『ＳＡＰＩＯ』（第27巻第10号、通巻５６６号）小学館、２０１５年、33〜35頁

2 死の恐怖の解消

（1）死の恐怖の解消

・苦痛（ボロボロで死ぬ？）⇓尊厳死（自然死）
（死ぬときは痛い？）⇓安楽死（死の瞬間には脳内物質が分泌）

・虚無（自分が消滅する！）⇓記憶と記録、ＤＮＡの中に生きる。
何か偉大なものとの一体感
（永遠でありたい！）⇓死は宇宙への帰還

死ぬときは痛いのではないか、という恐怖に対しては、薬を使う安楽死の方法もあります。また、死ぬまでは苦痛であっても、死の瞬間には脳内物質が分泌され、痛みは軽減されるとのことです。死を察知した脳はドーパミンやβエンドルフィン、セロトニンらの脳内伝達物質を多量に出し〝超気持ちいい状態〟になる。これは自然死、他殺、自殺を問わず共通する幸福感だという。臨死状態になると進化の初期段階で形成された脳の古い部分奥深くにある辺縁系で眠りと覚醒の両方のスイッチが入り、夢を見る状態になるという。同時にドーパミンという快感物質が出て痛みが軽減されて幸福な気分になる。このときの不思議な感覚が臨死体験や神秘体験だともいわれます。

(2) 精神の回復装置としての〝連続感〟

・先祖との連続、家族や親族、友人との連続感

・「倶会一処」（浄土真宗）

一処とは「浄土の阿弥陀仏の蓮の台」の「よき世界」であり、先に逝った者と今逝こうとしている自分、後に逝くことになる者とがここで繋がり合うことで、死に対する個体としての断

絶感や恐怖は連続感と安心感に変わる。

だが、人間にとってなによりも恐ろしいのは、死によって今持っている「この自分」の意識がなくなってしまうことです。死ねば自分が全く無くなってしまうという精神的な恐怖です。これに対峙するとき耐えきれなくなります。このような精神的な痛みからの救済と心の安寧を得るために人は人間や運命を超越した絶対者を求めました。このため世界各地には様々な宗教が生まれました。死後の世界として極楽や天国といったファンタジー（虚構）を創造しました。「虚構性が現実を支える土台」となるのです。非現実の世界の生き方の回路を確保することで現実が生きやすくなる。気持ちの張りがほぐれ、余白が生まれる。気持ちの余白が、厳しい現実を生きていくための土台となるのです。

自分が死んだときに先に逝った人と「あの世」で再会できると思うことは、自分の中にいるその人のことを思っているからです。自分の心の中には相手がいて、それと同じように相手の心の中にも自分を思う気持ちがあると思えるとき、相互に他人の自己を認め合うことができます。「あの世」や天国は科学的には客観的事実とは言えず、ファンタジーの域を出ませんが、現実を生きる上で心の支えになります。

また、人は自分が永遠でありたいとも願います。今の自分が完全に永遠であることはありえませんが、なんらかの形で後世に生き様を残すことはできます。なによりも自分の肉体は原子でできており、その原子は死後にはまた別の生物などの構成要素になっていきます。つまり、死は自然や宇宙への帰還なのです。自分が宇宙につながる存在だと思えば永遠なるものを感じることができます。

うまれかわり　死にかわり永遠の
過去のいのちを　受けついで
いま自分の番を　生きている
それがあなたの　いのちです
それがわたしの　いのちです

相田みつを

自分の中には過去の大勢の人間がいる。自分の中にいるのは人間だけではない。犬も猫も、草木も虫も、流れる雲でさえもいる。そう思えれば孤独ではなくなる。いずれ自分が土に還ると思うと、土壌に萌え出る草木が同士のように愛おしく思えるのではないでしょうか。

〈参考文献〉

・大町公『命の終わり―死と向き合う7つの視点』法律文化社、２００７年、１４６頁
・相田みつを「自分の番」『にんげんだもの』文化出版局、１９８４年

3　逝き方は、生き方

私たちは生きている私たちの側から死んでいった人たちに思いを馳せながら死生観を構築しています。だが、死の側に立ち、生きている自分が死の側に歩いてきている姿を見ることをすれば、生死についてこれまでとは異なった価値と意味を発見することができるでしょう。死後の世界は想像の世界にすぎませんが、まるで故人と語り合うように生死について考えてみることは充実した生のためには有意義なことです。

(1) 死んでも生きる

死にかかわる孤独と絶望を連帯と希望に転換するには、永遠性へつながることへ希望を得ることです。死後であっても生きている人たちの中で生きていくことができます。

・記憶…「生きざま」は、故人を偲ぶ心に生きる。
・記録…「魂」は、遺物や文化史の中で生きる。

①記憶に生きる
死は単なる生活の終焉なのではなく、その人の生きてきた物語を終わらせるものでもありま

せん。亡くなった人の物語は次の世代に受け継がれていきます。人の心や思い、生き様は受け継ぐ人の心の中に入っていきます。

その人が仮に物質的になくなったとしても、その人の記憶は周りの人に分散されながら継承されていく。記憶は死に対する部分的な勝利だ。

カズオ・イシグロ

私の長い人生が終わろうとしているけれども、私の人生だけではなくて、これからの人生をまだまだ長く続けていく。あなた達と一緒に、どのように受け継いでいくか……、感謝に満ちた気持ちで、キープオンゴーイング。前進また前進を、私達は続けなくちゃならない。みなさんの思いと私の思いを合わせて、なおこの旅を続けていこうではありませんか。行きましょう。キープオンゴーイング。

日野原重明

②記録に生きる

その人の「生きざま」は、故人を偲ぶ人たちの心の中に生きており、自分の中には故人の思い出がある。「誰に愛され、誰を愛したか、何をして感謝されていたか」（天童荒太『悼む人』）など、会う人、話す人すべての人に故人の面影を見ることがあります。

熟柿は老いたから落ちるのではなく、次代への種を残すために朽ちるのです。仮に自分は実になれなくとも、土として他の種や生物を活かすこともできます。タンポポの種子は風に運ばれる。風は生命の種子を土地に運び、「土」はその種を受け止め育む基盤となる。「水」はその種子に成長への支援を続ける。自分は種子ではなくとも、風になり、土壌になり、水となれる。今は過去の結実であり、どんなに朽ちていようが、それは未来の蕾で満ちているのです。なお残るものがあるとすれば気持ちが和らぎます。

私は、この宇宙の中に発生した生命の流れという大きな歴史の中の一粒であり、私が消滅しても、その流れはつながっていく。自分が、この生命の流れの中の一こまを受け持ったということを詩にする、短歌、俳句にする。スケッチに残す。

死に近づく日々を彩るのは、美しい思い出である。思い出を保存する方法は、作品にすることである。

（加藤尚武、224頁）

江戸時代の天才絵師・伊藤若冲は仏教徒としての世界観から絵画のどの部分にも仏性が宿っていると考え、鑑賞する者がそれを感じ取るという。日本の伝統的な和紙では和紙という物質の継承だけではなく、手漉き技術という無形文化の継承、さらには職人の魂といったスピリチュアルなものも継承されていく。その人の生きてきた魂は、遺物や文化史といった記録の中で生きることができ、故人の精神は遺った人の心の中に残る。精根込めて育てた樹木の中にも生きる。千年前の書の中や数万年前の洞窟壁画の中にも残っている。故人の思いは死後も生きている人々に連なっているのです。

人はなぜ自分史を求めるのか。それがないと「私」の存在が時間的にも空間的にも漠然としてしまい、この世に生きてきた世界や自然について認識できないからです。得心する死を迎えるには自分の生きてきたストーリーを仕上げる作業が必要になる。生物の「私」を考えるとき、それが単体としての自己を意味するのであれば、その自己はいずれ必ず滅んでいきます。しかし、子や孫や、それを育み育てていく周囲も含めて繋がっていくことの中に「私」を捉えるとき、生物として継続していけることになります。人は自己の長命のみに固執するのではなく、もっと大きな「私」が未来に渡り続いていくことに希望が持てるとき、安心して今を生きていけるのではないでしょうか。

〈参考文献〉

・大町公『命の終わり─死と向き合う7つの視点』法律文化社、２００７年、１４６頁
・加藤尚武『死を迎える心構え』ＰＨＰ研究所、２０１６年

（２）「命より大切なもの」

生活の中に自分の命よりも、もっと大切なものができていれば、それは自分の命を超えた価値あるものになりえます。それは自分の死と共に消失するものではありません。死も冒しえないものです。

エゴ　＝　生存本能　（生老病死の苦・煩悩）
↓
我執を超えて生きる　＝　本能を超えて生きる　（貢献・利他・自他実現）

エゴは生存本能であり、生きる上で欠かせないものです。だが、この本能のために生老病死の苦・煩悩を持つことにもなるのです。煩悩を断ち切ることが仏教のテーマでもありました。そしてその解決とは我執を超えて生きることでした。それは他者貢献・利他といった慈悲に生きるといったことであり、このような生き方をするとき人は自分を超えた永遠なるものとして生きることになります。それは「自他一如」の新しい存在になっていくことであり、心の営みのうえで死すべき人間は不死になれる。

東ニ病気ノコドモアレバ　行ッテ看病シテヤリ　（詩「雨ニモマケズ」）

うまれてくるたて　こんどは　こたにわりやのごとばかりで　くるしまなあよに　うまれてくる（詩「永訣の朝」）

まづもろともにかがやく宇宙の微塵となりて　無方の空にちらばろう
しかもわれらは各々感じ　各別各異に生きてゐる
（「宮沢賢治一九二六年のその考」『農民芸術概論綱要』）

宮沢賢治は、銀河系を自らの中に意識してこれに応じて行くことが正しく強く生きることだとしています。巨大な銀河系が圧倒して自分を包み込んでいるのではなく、自我の意識が進化することにより、自分の中に銀河を取り込んで意識できるとしたのです。この自分の内側に在る銀河に応じて自らも生きているというのです。自分はいずれ微塵となって宇宙に散らばるが、それは無限宇宙への自己投入であり、それによって逆に自分が生きていることを感じるのである。そこにあるのは自己滅却ではなく、各々が輝いて生きている。そこには巨大な宇宙とのつながりと自律がある。自己に内在する宇宙をみれば、分別なく宇宙の果てまでが自身となる。生死を含め、宇宙と一如になる。

造化にしたがひ　造化にかへれ

松尾芭蕉（造化＝内在神）

〈参考文献〉

・岡田浩樹・木村大治・大村敬一編『宇宙人類学の挑戦―人類の未来を問う』昭和堂、２０１４年

第6章　いかに健康寿命を延ばすか

一羽一羽のニワトリはバタリーに入れられ、仕切られたケージの中で栄養を与えられ、良質の卵をたくさん産むように管理されています。卵を産まなくなればペットフードに加工されたりスープの出汁にされたりする。老後の人間はどう管理されるのだろうか。一人ひとりが病床に寝かされ、医療的ケアを受けながら生かされるのだろうか。人間の健康管理とはそう単純なものではありません。人間は身体だけが生きているのではなく、精神活動を伴って生きています。このため健康長寿には身体とともに心の充実が極めて重要になるのです。

1　長寿のために

(1) 居場所

世界保健機構（ＷＨＯ）憲章では、健康とは病気でないとか、弱っていないということではなく、肉体的にも精神的にも、社会的にも満たされた状態になることをいうと定義しています。だが、このすべてを満たしている人はなかなかいないでしょう。

人は一人では生きられません。他者との交わりの中で生きています。他者に依存しながら少しでも健康に近づけていければよいのではないでしょうか。他者との関係性が良好であることが重要であり、むしろ心の栄養面での充実が健康寿命につながるのではないだろうか。心の栄養の中身とは「居場所と愛情欲求」の充足です。

「居場所」には次のような効果があります。

・役割がある。自己有用感が得られる。
・熱中する課題がある。
・まだまだ自分は成長できると感じることができる。

この観点からすれば、運動面については個人種目よりも集団競技の方が望ましいといえます。日々散歩やジョギングをして体力を増進することは確かに重要です。しかし、集団で少々の競争心が沸き起こるような要素を取り入れる競技の方がさらに生きる活力を生むことになります。競争心は生命が生き延びる原動力であるため、その活性化には意義があります。集団競技ではチームプレイが求められ、各自の役割充足はもとより、戦略を考えるといった「知的活動」が健康長寿には重要になります。対戦相手を必要とするチェス、囲碁、将棋、マージャンなどのゲームの認知症予防効果はパズルの3倍以上とも言われています。ただし、交われば交わるほどストレスを抱えるようでは、むしろマイナスです。円満な関係が築けるかどうかが問われます。
人間の脳は社会のために活動すればするほど活性化される性質があります。社会とのかかわりが人の役に立てたという心地よさや「生きがい」を醸成し、このことが健康寿命を延ばすことになる。

これまで健康増進については疾病予防の面から語られがちでしたが、もっと大事なことは精神的に健やかに生きることです。老後も社会的役割を担い、生きがいを持ち続けることが人生の復元力になるのです。たとえ病気や障害があっても医療や介護の支えを得ながらも前向きに生き、生きがいを全うできる人こそが「健幸」だといえます。病気をした人は自分が苦しんだ分、人を思いやり優しい気持ちになれます。病気をして人生観が変容するのです。病でさえも成長の糧にして自分も他者も輝くことができるとき、その生き方は「健光」といえます。

（２）健康寿命を延ばす４つの「エン」

人は年齢を重ねるほど新しい友人をつくることが困難になります。老齢化してくると人間関係も狭くなる。人生そのものが閉鎖的で孤立し、先細る。これでは健康寿命は延ばせません。坂爪慎吾（「性的『無艶社会』とどう向き合う」）は、これを打開するには次の４つの「エン」の充実が重要だとしています。

・円…経済力が生活の基本である。年金や生活保護といった制度の充実。
・援…国や自治体などの公的支援、近隣住民などからの私的支援の充実。
・縁…血縁、地縁、又は様々な人間関係における縁があり、孤立がない。
・艶…異性やパートナーがいて、安堵できる場所や精神的昂揚感がある。

坂爪は特に「艶」の効能について強調します。通常、生物の寿命は生殖機能により終焉となる。だが、人間はそうではありません。人間は生殖とは無関係になっても生き延びる。人間の生の条件は生殖だけではなく、老後の性の問題として「『生殖なき後の性』をどう生きるか」が問われるというのです。

離別・死別にかかわらず、愛するパートナーの喪失が人生最大のストレスになるといわれています。愛する対象を喪失した場合、その回復には何よりも新たな対象を得ることが生きる力となります。新しい生きがいには「愛すべき対象を得る」ことが課題になります。

これには次を参考にされてはいかがでしょうか。

・伴侶
結婚にこだわらない。ＬＧＢＴの方も含めて誰もが性にこだわらない自分なりの「私性観」を持ち、人生のパートナーを得ることです。

・愛玩動物
愛することが脳内に快感物質を分泌させ、長寿につながります。
・観葉植物
成長を実感できることから力が得られます。
・趣味
絵画、仏像を彫るなど、好きなことを続けることで「自己成長」を感じることができます。

高齢者になれば心身ともに衰え、周囲の世話になり、他者に迷惑をかけなければ生きていけないことは仕方のないことです。とりわけ食事・入浴・排泄の３大介護を受けるようになれば「老醜」を感じる人も多いでしょう。「晩節を汚したくない」という気持ちが強くなりますが、美学を離れて、社会には誰もが安心して多少の晩節を汚してもよいという寛容な風土があってもよいのではないでしょうか。

誰もが老いについて卑屈にならず、前向きでありましょう。前向きの老いは醜ではありません。「老いらくの恋」は醜態ではなく、「枯木に花を咲かせる」マジックであり、新たな生きがいにつながることは否めません。男女の枠を超えたつながりもあり、高齢者の愛のある生き方には人生の年輪を経てもなお人間のつながりの在り方を実践している「老修」と言えます。

坂東眞理子は、人生１００年時代の今では70歳になっても晩年ではなく、「終わった人」にならず、一人を恐れず孤独を楽しむ気持ちなどの大切さを述べています。人生を繰り返すことはできませんが、童心をもって生きる歓びを知ることはできます。何かに好奇心が湧けば、翌日からの生活に明るさが得られます。老後生活のための魔法の薬は、愛と童心です。いつまでも「嬉しい・楽しい・大好き」を追求していきましょう。

〈参考文献〉
・坂東眞理子『70歳のたしなみ』小学館、２０１９年
・松田純『安楽死・尊厳死の現在』中公新書、２０１９年
・坂爪慎吾「性的『無艶社会』とどう向き合う」産経新聞、２０１７年12月15日

(3) 認知症予防

認知症は長生きすればするほど危険性が高まるといわれています。認知症患者の約８割が80歳以上です。認知症は遺伝が原因ではないため生活習慣やライフスタイルの改善で予防が期待できます。

認知症予防に効果が期待できるのは「運動」と「認知トレーニング」だとされています。糖尿病や高血圧といった生活習慣病や鬱病に対処することはもちろん、運動や知的活動、健康な食事の習慣を身につけておくことが大切であり、とりわけバランスのよい食事と質のよい睡眠、

郵 便 は が き

料金受取人払郵便

大阪北局
承 認

1357

差出有効期間
2020 年 7 月
16日まで
(切手不要)

553-8790

018

大阪市福島区海老江5-2-2-710

㈱風詠社

愛読者カード係 行

ふりがな お名前				明治 大正 昭和 平成 年生 歳
ふりがな ご住所	□□□-□□□□			性別 男・女
お電話 番 号		ご職業		
E-mail				
書 名				
お買上 書 店	都道府県 市区郡	書店名	書店	
		ご購入日	年 月 日	

本書をお買い求めになった動機は?

1. 書店店頭で見て　2. インターネット書店で見て
3. 知人にすすめられて　4. ホームページを見て
5. 広告、記事(新聞、雑誌、ポスター等)を見て(新聞、雑誌名　　　)

風詠社の本をお買い求めいただき誠にありがとうございます。
この愛読者カードは小社出版の企画等に役立たせていただきます。

本書についてのご意見、ご感想をお聞かせください。 ①内容について
②カバー、タイトル、帯について
弊社、及び弊社刊行物に対するご意見、ご感想をお聞かせください。
最近読んでおもしろかった本やこれから読んでみたい本をお教えください。

ご購読雑誌（複数可）	ご購読新聞 新聞

ご協力ありがとうございました。

※お客様の個人情報は、小社からの連絡のみに使用します。社外に提供することは一切ありません。

社会交流が重要です。
だが、予防することが目的なのではなく、人と交わりながら生きがいを追求し、その結果として認知症予防につながっていくことが望ましいのです。
百歳以上の方々には前向きな精神、食事・人とのかかわり・運動などの共通点があります。

・プラス思考で物事を前向きにとらえる
「くよくよしない」「考えすぎない」「過ぎたことを振り返らない」
・なんでもよく食べることにより、健康を維持
「好き嫌いなく食べる」「食欲旺盛」
・他者への思いやり・気遣い
「人に喜ばれることをする」「自分がされて嫌なことは人にはしない」
・周囲の人とのコミュニケーション
「子供・孫の成長を楽しみにしてきた」「おしゃべりすることが楽しみ」

（『別冊正論32　非常高齢社会』、２２０〜２２１頁）

人生百年時代と言われる今日、長寿の先輩方の生き方からの学びを活かしていきたいものです。

〈参考文献〉
・朝田隆、産経新聞主催シンポジウム「100歳時代のヘルスケア〜認知症予防で健康長寿」2018年3月7日、サンケイプラザ（産経新聞、2018年3月30日掲載）
・『別冊正論32 非常高齢社会』産経新聞社、2018年

2 200歳長寿のために

2019年6月14日、米科学雑誌セル・メタボリズムに、若いマウスから取り出した「eNAMPT」酵素を高齢マウスに投与すると毛づやが良くなり、動きも活発になり、寿命も最大で16％延びたという論文が掲載されました。マウスの体内の脂肪組織で作られ、血中を巡っているこの酵素を人間にも投与すれば「健康寿命」を延ばせる可能性があるというのです。将来、老化を抑える新たな方法が開発されれば容易に若返りや健康長寿が可能になるかもしれません。

健康長寿への期待が膨らむなかで、岡田恒良監修、松井和義著『常識が変わる200歳長寿！　若返り食生活法』には、100歳どころか200歳を目指した超健康長寿への意識変革をもたらす知識と方法が紹介されています。

ここでは「ミトコンドリア」と「ソマチッド」について要約していきます。

(1) ミトコンドリア

人間が健康で長寿になれるかどうかは、ミトコンドリアがどれだけ活躍するかで決まる。人体内のミトコンドリアの質と量を高めていくことで健康、若さ、長寿を得ることができる。このためミトコンドリアの量を増やし、小食や運動などで活性化することで寿命が延びるという。この方法は次のようにまとめられています。

①有酸素運動で筋肉を増やす
・筋肉の70％は下半身の足腰にある。上半身で鍛えるべきは肩甲骨。
　下半身の筋肉を鍛え増やす方法…ウオーキング、スクワット、階段昇り
②空腹状態の習慣を持つ（1日1〜2回）
・空腹になることでミトコンドリアが活性化し、サーチュイン（長寿遺伝子）がスイッチオンになる。
・「腹八分で医者いらず、腹六分で老いを忘れる。腹四分で神に近づく」（ヨガの教義）
③深い呼吸できれいな多くの酸素を供給
④冷水刺激
・体が寒さを感じるときに反応…例：サウナと水風呂

⑤自然界からエネルギーを受け取る…例：ラジウム温泉、ラドン温泉、無農薬野菜、海藻、香り（森林）
⑥感謝・喜び・愛のエネルギー

(2) ソマチッド

「ソマチッド」はミトコンドリアよりもはるかに小さく、DNAを持たない超極小生命体である。第二次世界大戦中にフランス生まれでカナダ在住の生物学者ガストン・ネサンが血液中を動き回る細胞よりはるかに小さいソマチッドの存在を確認した。

赤血球の直径（5～7マイクロメートル）の100分の1以下、ウイルスよりもはるかに小さく、100万分の1ミリメートル（＝ナノメートル）で表せば、0・3ナノメートル。この生命体は人体、動物、植物の樹液、鉱物からも発見されている。死ぬことのない永遠不滅の有機体である。

ネサンの発見で画期的なのは、「ソマチッドはDNAの前駆体物質であり、意志や知性を持っている」ことを明らかにしたことです。ソマチッドには核がなく、DNAはない。だが、DNAの前駆体物質だからこそ遺伝子情報を持っているというのです。

東学（工学博士）はネサンの研究を発展させ、「地球上のあらゆる生命体には、永遠不滅の生命体ソマチッドが関与しており、生命にエネルギーを与えているのは、このソマチッドに他ならない」としている。

人間が死んで火葬されても、ソマチッドは灰の中で生き続け、死ぬことはない。土の中で何千年も何万年も何億年も生き続け、再び植物の根っこなどから吸収されて人体に摂り込まれる。尿中から排泄されると100年でも1万年でも10万年でも1億年でも生き続ける。

太陽光を浴びると太陽エネルギーからマイナス電子を受け取って賦活化する。この電子エネルギーこそが組織や白血球、赤血球、リンパ球などが活性化し、生命力及び自然治癒力が増大する。人体内では、ポジティブな感情や意識に共鳴して活発に働き、ネガティブな感情や自己中心的な意識の影響で不活性化する。ガストン・ネサンが発見した永遠不滅の超小生命体で生命力の鍵を握る「ソマチッド」は、気のエネルギー（宇宙エネルギー）や水素電子、太陽エネルギー、微量放射線（ホルミシス）、宇宙の意志、ポジティブな信念や愛情に共鳴し、活性化し、躍動する。呼吸や発声で、気のエネルギーを体内に充満させると、体内のソマチッドが活性化し、蠢動してミトコンドリアにマイナス電子を供給する。その結果、ミトコンドリアが大量のエネルギー（ＡＴＰ）を生産する。

(3) ソマチッドの活性化

ソマチッドは、どのようにすれば活性化できるのでしょうか。次のように説明されています。

①「フォトン（光の粒子）」のエネルギーを「呼吸や発声」で取り込むと副交感神経が優位になり免疫力がアップする。基礎体温が上昇し空腹感が少なくなり、自然に小食になる。「フォトン」とは「気」（中国の気功）、「プラート」（インドのヨガ）と呼ばれる一種の生命エネルギー（宇宙エネルギー）のことです。

②精神的ストレス軽減のためにヒーリングCDなどを聴く。

③有酸素運動、遠赤外線サウナ（酵素風呂も良）などで体を温め、ミトコンドリアを活性化すれば発汗を通して化学物質を排毒することができる。

④長寿遺伝子のスイッチをONにする「意識と愛と信念」。

多くの場合、遺伝子の97％がスイッチOFFの状態になっている。この眠っている遺伝子をON状態にできれば頭脳も体も無限の潜在能力を発揮できる。

気のエネルギーを照射すると活性化し、光を放つ。ひたすら眠って殻に閉じこもっているか、起きているかのどちらかであり、電子（マイナスイオン）や光粒子（フォトン）を当てると賦活化する。

すべてのDNAの前駆体物質のソマチッドは「意識・意志・感情」につながっている。「宇宙意識」ともつながっており宇宙意識に共鳴すれば活性化する。光エネルギーの力を得たソマチッドは宇宙意識に覚醒した人間の意識に合わせ、遺伝子情報をスイッチONにする。

現在、１００歳なら長寿だと思っている人がほとんどでしょう。しかし、無意識のうちに１００歳が当たり前、２００歳が当たり前と１００％信じ込んでいれば、そのまま潜在意識になる。潜在意識のままに遺伝子はＯＮやＯＦＦの状態になる。毎日、生き生き、わくわく楽しく、目標や使命感を持って過ごしている人は若々しい顔立ちをしています。ポジティブな意識が顔の細胞一つひとつに現れるのです。

将来、人口知能やロボット技術の導入により介護が楽になっていくでしょう。生命科学の発展は再生医療を進展させ、人間の健康寿命を延ばしていくでしょう。しかし、どんなに寿命が延びても、不死になることはありません。死を先送りするだけにすぎません。長寿は死を避けるために追求するものではなく、生を充実させ、死を受け入れられるために追求するのです。

〈参考文献〉

・岡田恒良監修、松井和義著『常識が変わる２００歳長寿！　若返り食生活法』コスモ21、２０１８年
・ダニエル・アルドリッチ「日常的な交流の積み重ねに人は生きる意味を見いだす」聖教新聞、２０１８年３月10日朝刊
・『別冊正論32 非常高齢社会』産経新聞社、２０１８年、２２０～２２１頁

第7章　死考錯語

人生には喜怒哀楽といった光と闇があります。光だけでは何も見えません。老・病・死といった闇が苦に思えるのは若さと健康という光を知っているからです。闇と光と合わせた総体が人生の全体です。人生の究極の闇とは死のことです。「生きる質」を高めるには、闇と思われていた「死の質」についても考えていかなければなりません。

無葬無墓や寺院消滅、脱宗教が進む潮流の中、22世紀になっても人々は天国や地獄、輪廻転生などを支持するのだろうか。未来の人間は心の救済をどこに求めるのだろうか。

死の問題について考えるとき情緒が過ぎれば独善に陥りやすく、科学に傾倒し過ぎれば乾きを覚える。このため、知・情のバランスが問われます。ここでは生命や存在の在り方についてさまざまな視点から私論を述べていきます。

1　生命の本能

地球は46億年前に誕生し、生物は38億年前に地球上に出現しました。このときの生物には定まった寿命があったわけではないらしい。この生物には「子」がいないので自分が死んだら、それで終わりになるからなんとしても死んではいけなかった。それからしばらくして、今から９億～12億年前にオス・メスに分かれ、両性生殖をするようになって自分の命を「子」に引き継げるようになり自分は死ねるようになったという。それ以後、生物には子を産み、育てれば一生を終えるという寿命ができたという。

生物の最も重要な目的は存続することであり、永続することが生物にとって至高の価値なのです。個体には寿命がある。だから自分の分身として子孫を残すことで生き続けていこうとしました。だが、生物はあえて自分の子を瓜二つにつくりません。それは将来の環境の変化に対応するためです。今の環境が永遠に続く訳ではありません。環境がどんなに変化してもそれに適応して生き延びるには、今の自分も変化していかなければなりません。このため生物は自分と違うパートナーと生殖活動を行うことによって多様性を導入していきます。パートナーは自分とは違う方がよく、子どもも自分とはそれなりに違っているからよいのです。こうして、より長寿遺伝子へと変容していくのです。

このようにＤＮＡにはどこまでも生きようとする本能が組み込まれています。だが、ＤＮＡには「生への指向性」だけではなく「死への指向性」もあるのです。他を生かすために死んでいくことも生命を宿すものの本質なのです。個体の生命に寿命ができたときに、死を通して命を時代へ繋ぐことをするようになったのです。だが、ＤＮＡは実は生命をいつまでも繋いでいくことが不可能であることも承知していて、それでいて今を精一杯生きているのではないだろうか。遺伝子には自死の遺伝子もある。遺伝子は死に抗い、生き延びることに懸命にみえるが、実は既に自身の消滅を承知しているのかもしれません。生死を受け入れること、その万事をよしとすること。それこそが宇宙の摂理ではないだろうか。

自分は存在しているが、存在しない。すべての存在は夢幻のごとく常に移ろい、同じところには存在しない。この世はすべてが存在し、すべてが存在しない。自分という存在も全世界につながっており、はじめから自分というものがない。このことが納得すれば矛盾はありえない。本来、個体の死は他の生命エネルギー生成への還元であり生死は一体なのです。

命あるものが生きて死んで土に還り、また生まれて死んでいく。地球上の豊かな土壌は、生物が生死を何億年も繰り返してきたからこそ存在する。その営みのなかには飢餓、戦争、テロなど不遇の死を迎えた人間もいたことでしょう。何の罪もない人の不条理な死は受け入れがたいことです。犠牲者の魂の安寧を祈るばかりです。だが、生命はあらゆる生きざま・死にざまをまるごと含んで自然に還り、再び次の生命へと連なっていくのです。万物の生死に無駄ということはありません。

２　生命倫理

ｉＰＳ細胞（人工多能性幹細胞）から目の角膜の細胞を作り、角膜が濁る病気の患者に移植する臨床研究が始まっている。将来は眼球全体を作成し移植することを可能にするかもしれません。ｉＰＳ細胞を使い、マウスやラットの体内で人の膵臓や肝臓、腎臓を作る研究計画が進められようとしている。将来はブタの体内で作った人の膵臓を移植することが目標なのだ。

医療は命に関わらないことであれば人体の理想を求めて積極的に関わりますが、命にかかわることになると慎重になる。「命が生まれる過程に人為的な操作を加えてよいのか」が問われるからです。臓器移植は今や常識どころか、むしろ推奨されています。だが、受精卵の遺伝子操作等については生命倫理でまだ認証されていない部分があります。ゲノム編集の技術が進歩し、今や羊や猿のクローンは可能であり、いずれクローン人間が誕生するかもしれません。しかし、「生命とは何か。死とは何か」について議論し尽くされてはおらず、今の生命操作には限界があります。この根底には、「神が人間を創造したのであるから、人間が生命を操作することは神の領域を侵す行為である」というキリスト教的人間観があるでしょう。また、「生死は自然の理であり、その流れに抗することは不条理である」という主張もあるでしょう。

だが、人間も他の動植鉱物と同じく宇宙エネルギーとして生成消滅しており、「人間は神の子ではなく、宇宙の子である」としたらどうだろうか。生命に組み込まれたＤＮＡは生きることが最大の使命であり、「老病死」を忌み、避けようとして安寧の境地を求めています。この死後の安寧が宗教も生命科学も共にＤＮＡが求めている帰結ではないだろうか。

医療技術の開発にも人工知能（ＡＩ）の進歩が欠かせません。だが、いずれＡＩは人間よりも賢くなるのだろうか。宇宙物理学者スティーヴン・ホーキング博士は死の直前に「ＡＩの潜在的恩恵はとてつもなく大きい。病気や貧困を撲滅できるかもしれない。ＡＩが自ら進化を始めてしまい、自らの意志を持つようになり私たちと対立するだろう。ＡＩの到来は人類史上最善の出来事になるか、または最悪の出来事になるだろう」という言葉を残しました。ＡＩの進歩は人類に幸福をもたらそう。だが、それは人類に対する危険性にもなるというのです。このため医療技術にせよＡＩの開発にせよ人間に危害を与えないという「倫理」が求められます。しかし、そもそも人間が生きていく過程には倫理的でない部分も多々含んでおり、犯罪も日々起きています。性善説で人間を完全に制御することはできません。人間の欲望はエスカレートし倫理観は移り変わる。生命倫理についてどれほど議論しようと、ＤＮＡの指向性は決まっています。生命は生命倫理を超えて極限まで突き進んでいくでしょう。この世に生まれてくることは自分で選んだことではなく不条理に思えます。だが、どの生命もいったん生まれてきたら、次代へ生命を繋ぐために未来に向かって自らを投じるのです。

3　犬に仏性があるのか

狗子《くす》に還って仏性有やまた無しや

犬は人に対して特別な絆を結ぶ能力がある。人の声や表情から気持ちを理解し共感する能力をもつ唯一の動物といわれている。人間の母親と赤ちゃんが見つめ合うと、それぞれの体内で脳内物質のオキシトシンが分泌される。これは相手を愛おしく絆を深めていくホルモンである。人と犬が見つめ合っても同じことが起きる。犬は人の声や表情から気持ちを理解し共感する能力をもち、見つめ合うことでお互いを愛おしく思い、絆を深めていくオキシトシンが分泌されるという。犬だけが人と絆が結べてオキシトシンが出てくるといわれている。このためか、犬には盲導犬などの介助犬や癒しを与えてくれるセラピードッグがいる。犬と人とは種を超えた特別な絆で結ばれているのであれば、はたして犬にも仏性があるのだろうか。

犬に限らず猫も人に癒しを与えてくれる。馬やイルカにもセラピー効果がある。野草にも毒になるものもあれば薬草もある。「山川草木悉皆成仏」というように草木虫魚や動植物など万物に仏性が備わっているといえば、そのように思えないこともない。それは生命にとって他の生き物は自己の生命を脅かす敵ではあるが、恩恵に預かることのできる味方でもあり、生物は独りでは生きていないからです。

最近では「動物権」「動物福祉」という言葉も散見されるようになってきました。人間とペットは同じ墓に入ることができるのか問われることもあります。ペットは「六道輪廻」では畜生と呼ばれる世界に属し、生まれ変わると極楽浄土に行ける人間とは住む世界が違うため、これまで墓を同じくすることに違和感があり拒まれてきました。だが、浄土宗では「浄土三部経」に「皆蒙解脱」とあり、これにより阿弥陀仏は畜生であっても命が終わるとそのまま極楽浄土に迎えるために人間と同じ墓に入っても問題ないとします。ペットにも経をあげてもらえるのか。戒名やお布施の額に決まりはあるのだろうか。……

人間はまだ何かに囚われていないか。犬に本当に仏性があるかどうかよりも、その奥深にあるものを観ることに意味がある。ペットは成仏するのか、極楽浄土に行けるのか、といった議論にはさほど意味がなく、犬は犬をすることであり、人は人をすることだ。

米サンフランシスコで生まれたメスのニシローランドゴリラの「ココ」は46歳で死にましたが、千語以上の単語を手話で伝えられ、「会話」ができたという。「ココは死ぬと、どこに行くの？」と問われると、「苦労のない穴に　さようなら」と手話で返したという。ココは子猫をペットとしてわが子同然に慈しんだりもした。はたして犬やゴリラに仏性があるのかどうかは分かりませんが、人間とは質の差があるにせよ、慈しみの心を有しているといえるでしょう。

〈参考文献等〉

・Ｆ・パターソン、Ｅ・リンデン著、都守淳夫訳『ココ、お話しよう』どうぶつ社、１９８４年
・「最高の相棒！　イヌと人」ＮＨＫ番組『ダーウィンが来た！』２０１９年5月12日放送

4　老・病は福音

人間は四百四病の入れ物であるとされ、多くの病を同時に抱えて苦しまれておられる方もおられることでしょう。防げる病気は防ぎたい。だが、誰もまったく健康だという人はおらず、むしろ多少の病気を経験することで健康の有り難さが実感でき、わが身を大事にできる。病気そのものが不幸なのではなく、そこから羨望や恨みを持つ心の状態こそが不幸だ。病気になっても、病人になってはいけない。病気とうまく付き合うことだ。闘病は気合を入れ直す機会になる。自分の迷いや苦悩を積極的に転換させ、煩悩があってもいかに幸福を感じることができるかが問われるのです。

やりたいことをやり、愛するものに恵まれ、生き切り、ポックリ死ぬことができれば幸せと思えるでしょう。そのためにはいつまでも死を忌避するのではなく、死を受け入れながら「自分は死ぬまで生きているし、死んでも自分の何かは生きる」と考えてはいかがだろうか。

「絶望の虚妄なるは、希望に相等しい」。人が思っているような絶望は、まだ本当の絶望ではありません。それは軽々しい希望が本当の希望とは言えないのと同じです。簡単に絶望したり

希望をもったりせず、ありふれた日常生活でも、その身そのままで置かれた立場で一生懸命に生きていきたいものです。

悩みや苦しみは乗り越えるべきものなのか、受け入れるべきものか。ともあれ、それがまぎれもない自分の人生であるとして楽しんでいける心境になれればいい。死を見つめ、最後まで自分らしく生き切る。「今を生きる」という営みには老若男女の差や病気の有無による違いはありません。高齢であろうが、病気であろうが、人生を豊かにできる。

悲しみと苦痛は「人のために尽くす心」という美しい花を咲かせる土壌である。

（ヘレン・ケラー、１８８０〜１９６８）

5　命を食べること

人間の都合で判断される命がある。豚を殺戮して食してもよいが、鯨はダメだとする人たちがいる。豚と鯨では比較のしようがありません。しょうが焼きには豚がよいだろうし、昔なら灯火用燃料、機械用潤滑油を採るには鯨がよかっただろう。飼いならして愛着のある豚でも家畜なので食べてもよいが、自然界に生息する鯨は駄目だというのはどこか人間の身勝手さがないか。「知能の高い鯨は人間の友であり、それを殺すことはもってのほか」というのでは、知能の高さによって保護すべき動物と食べてもよい動物とに分ける考えは優生思想と同根である。

イスラム教では豚を食べず、インドでは牛を食べない。ラマ教ではミミズやシラミさえ殺さない。犬が食用に供されるのを嫌うが、馬肉を食べる人もおり、忌み嫌う人もいる。食文化は生活に結びついており宗教にも由来し、さまざまである。

命の次元では１匹の蟻も人間も等価です。生命としてはヒトも牛も豚も鯨もネズミもゴキブリもミミズも同価値であり、同じ生命として今この地球上に生息しているのです。互いに他の命を犠牲にして食べ、生きており、人類にも他の肉食獣に食されてきた時代があった。生き物は他の生命を食することによって生きてきた。各々の生命の輝きは他の殺生の上に成り立ってきた。言い換えれば、他の生命に生かされてきたことにもなる。互いに生かされて生きている。犬や猫だけでなく草木虫魚すら意思を持っており、人間はこのような万物を食して生きている。生命が等価であるとすれば、人間中心を超えて、「生命」という枠で考えられないだろうか。可哀相だから、賢い動物だから、神の使いだからといった理由で食べることを忌避したり、食べたりするものではない。生物はただ命をつなぐために他の命を食するのであり、このため感謝して他の命をいただき、自分の命もいずれ他の命のために差し出す覚悟を持つことだ。自他の命を無駄にせず生き切ることだ。

6　臓器移植

森光巧悟氏はマスロー心理学研究会第87回定例会（2019年2月9日）で、NHK番組「人体」（2018年1月14日放送）を引用しながら腸の重要性を「第二の脳」として次のように述べた。

体の中に情報ネットワークがあり、臓器同士がネットワークで繋がっている。脳が指示するばかりでなく、臓器同士がメッセージを送りあい、体をコントロールしている。これまで脳がすべての器官を支配し統制していたと考えられていたが、腸の神経細胞は1億個あり脳の次に多く、体全体からみると腸の方が支配的かもしれない。腸は免疫力をコントロールしており、攻撃役とブレーキ役がある。仕事がうまくいかないと悩むとお腹が痛み、ポリープができたりする。これは腸から脳への「過度に考えすぎるな」というメッセージであり、ヨガのインストラクターが「体の声に耳を傾ける」ことを助言するのも頷ける。

デカルトの「我思う故に我あり」の我も、疑っている自分はいるということは間違いないということであるが、そう考えている自分そのものも、体全体の一部でしかないのではないか。人間は脳で考え、行動しているように思いがちだが、実は体各部のさまざまな細胞レベルでの共生関係性の中で生きていると考えられる。自己判断と考えているのは、人間のほんの一部かもしれない。自己判断と考えた方がドーパミンなどが出て脳に都合がよかったので、体全体が互いに伝達物質を出し、そう決めたのかもしれない。

内臓と感情は密接に関係している。言葉や態度に出る外向きの怒りも自分を責めたり焦ったりする内向きの怒りも、どちらも体に力が入って内臓も緊張させ、動悸がしたり眠れなくなったりすることがある。

池田のりこは、漢方では「血《けつ》」が心の安定に関係すると考え、この血は血液だけでなく、内臓、肌、爪、目、筋、心、脳、髪を健やかにするという。目、心、脳を使い過ぎると、さらに血を必要として血が減り、血が減るとそれらを健やかにできず怒りっぽくなる。この血は胃腸などの消化吸収システム「脾《ひ》」で食べ物から作られる。脾は怒りの感情や緊張に敏感に反応するるのでパニックになると仕事ができなくなるという。

細胞が感情に関与しているとすれば、人間の感情や意思は人間が自分で考えた結果ではなく、人間の細胞内部から湧き出たものであるということにならないだろうか。各臓器がネットワークを持ち、メッセージを伝達、連携しながら体をコントロールしているのであれば臓器移植が問題にならないだろうか。

脳死を人の死と見なして臓器移植をすることは、人の細胞は生きており「生命」はあるが、その人の「人生・生活」は終焉していることを意味している。だが、もし臓器の細胞も脳ほどではないにしても感情や意思に関与するとしたら、それでも平気に臓器移植ができるだろうか。各臓器の機能が感情に関係があるとすれば、移植により人格がどのような変容を遂げるのか興味深い。他者のスポーツ心臓を移植した人には何か人格のうえで変化が生じるのだろうか。豚の細胞を人体に移植すればどうなるのだろうか。細胞にも人格の素地のようなものがあるとすれば、脳死状態であっても臓器が健全であるとき、その人が死んでいると言えるのだろうか。回復の見込みが期待できなくとも、肉体がある限り、その人なのではないだろうか。

それでも人が臓器移植をしていくには個の命を超えた「命のリレー」への強い思いがあろう。

〈参考文献等〉

・池田のりこ「薬膳のススメ　胃腸整えば怒りも収まる」産経新聞、２０１９年2月22日

・森光巧悟「統合的人格の意味」マスロー心理学研究会87回例会、２０１９年2月9日

7 「命のリレー」としての臓器移植

臓器移植とは病気や事故で心臓や腎臓など臓器の回復が見込めない場合、脳死後のドナー（提供者）の臓器を移植することです。平成9年に施行された臓器移植法に基づき、臓器移植

を行う場合に限り脳死を人の死と認めました。臓器移植は本人の同意が必須でしたが、平成22年に法改正がなされ、本人の意思が不明でも家族の承諾で臓器提供ができるようになりました。免疫抑制剤も開発され、今日では脳死者からだけでなく、生体移植も多く行われています。

脳死状態になると心臓もやがて止まります。だが、機能を十分に保った臓器を提供するには心臓が止まる前に移植の決断をしなくてはなりません。それでも脳死を宣告されても患者の心臓には拍動があり、肌に触れれば温もりがあるのです。人工呼吸器が付けられていても呼吸する音が聞こえ、胸は呼吸で上下を続けている。こんなときに医師から「回復することはない」と診断されても「死」を受け入れるには時間がかかるのではないでしょうか。

脳死による臓器移植についての各自の思いはそれぞれであってよいし、考えた末の結論は最大限に尊重されなければなりません。他者の命を活かすために臓器を提供した人は立派であり、社会は称賛しても良いでしょう。だが、「臓器提供は病に苦しむ人の笑顔につながり、人の命を救うのは、やはり人である。命は自分だけのものではない」といった論調で臓器提供が美談になり、臓器提供をしないことが非情であり許せないといったような「外圧」になってはなりません。

臓器提供で重要なことは平素から命や死について考えることです。誰もがどう生き、どう死ぬかを考えることです。臓器移植を受ける人の背後に「死ぬことが怖い。命を永遠に延長したい」という願望があるのであれば無意味でしょう。移植を受けた人は普通に暮らせるまでに回復し、その後も天寿を全うすることもあります。だが、移植を受けた後の人生はたかだか数年かもしれません。それでも他者から臓器の移植を受けて生き続けようとすることはなぜなのか。臓器移植では命をつなぐこと、生きることの意味が問われているのです。

〈参考文献〉
・「人の膵臓　ブタ胎児で作製」産経新聞、２０１９年４月29日
・「人の臓器　マウスで作製」讀賣新聞、２０１９年７月24日夕刊

8　宇宙から見た世界観

宇宙にあるたくさんの星からはさまざまな電波が出ている。宇宙人から発せられた電波として１９７７年にアメリカの天文台の電波望遠鏡が受信した「Ｗｏｗ！信号」がある。これは近年ではすい星ではないかという説もあり謎が多いが、多くの天文学者は宇宙人はどこかにいると思っているでしょう。

こんななかで人類は地球から他の惑星へ飛び出そうともしている。11億年後には太陽が現在よりも膨張し、地球上では生命が存在できなくなるというなかで、40数億年後は太陽そのものが消滅するかもしれず、宇宙そのものが有限であるとも無限であるともいわれているなかで、

それでも将来の人類は生き延びようとするだろう。だが、そんな人類の未来では何が生きる指針になるのだろうか。

宇宙的視野から生命の起源が科学的に証明されようとしている今、神が人間を創造したという宗教の世界にも科学の知見を導入して修正を加え、科学の世界にも人間の生きる価値を創造する宗教的知見が導入されないだろうか。「地上から見た世界観」と「宇宙から見た世界観」を持つことで新しい生命観を培う時代が到来しないだろうか。

人間はあらゆる物事を地球上に住む人間を中心に考え、感じ、判断する。これは「地球人」としての発想である。人間こそが最高の価値ある生命体だと思っている。だが、宇宙が抱える数千億の銀河、その中の一つの銀河系に地球があるのであり、地球は宇宙の星々の中の一つにすぎません。私たちは宇宙の中に住んでいるのであり、宇宙から地球上に住む人間を眺めるという発想は「宇宙」的な視点です。人間を地球人としての視点だけではなく、宇宙の子として複眼的に観たらどうだろうか。

人間が宇宙の一部だと理解すると、次第に山、川、大地、海、大空、光、水、風、空気などと融合し、同化し、一体化していく感覚になる。人間が作ったものは何もない。生かされている。そう思うことで生命の奇跡に感謝して生きることができる。

人間を形成する筋肉も骨も腸などの内臓も、それらを形成する細胞も分子も素粒子も宇宙から飛来したものです。その集合体が人間を形成し、思惟活動を可能にしている。だとすれば、人間の思惟も宇宙と連なることにならないか。人間の思惟は地球上で単独にあるのではなく、「宇宙の意思」に連なるものでもあるのかもしれない。

宇宙の星々に生成と消滅があるように、地球はもちろん太陽にも生成と消滅がある。宇宙自体も膨張し続け、すべての物質が崩壊するとも一点に収縮して消滅するとも言われています。宇宙が誕生したのは１３８億年前であり、現在の宇宙は加速しながら膨張しているが、将来の姿は宇宙を膨張させるダークエネルギーと宇宙を収縮させる暗黒物質の力関係で決まり、宇宙は今後１４００億年以上は存在し続けるとされている。宇宙はこのように絶えず変化しており、今の姿が永遠なのではありません。宇宙ですら無常であり、まさに万物は無常なのです。

宇宙は「いつから、いつまで」存在するのだろうか。ビッグ・バン以前に「何」があったのか。宇宙は「なぜ」存在するのか。これらの問いは現代の科学では解明できません。宇宙は無常であり有限である。宇宙が始まる前と宇宙の終焉後の「無」こそが永遠なるものかもしれません。

「宇宙は在る、故に在る」。人生も無常で有限である。宇宙に比して地球上の人生は一瞬です。この刹那を生きる人間が「天国・極楽」といった死後の未来を創造（想像）したのです。人間は希望がなければ生きていけないし、希望がなければ死ねません。死後に希望を持つことは「知識」ではなく「智慧」なのです。これにより多くの人々の魂は救われ、安住の世界へ旅立っていけます。死後の希望とは、生命を超えた何か永遠なもの、何か偉大なるものとの一体感の感得に他なりません。

２０１９年7月11日、「はやぶさ2」が小惑星「リュウグウ」への2回目の着地に成功しました。「はやぶさ2」が「リュウグウ」で採取した物質を調べることで地球上の生命の起源の謎を解くヒントが得られると期待されている。46億年前の太陽系誕生直後、地球などの惑星は多数の天体が衝突した際のエネルギーで高温になり地表が溶け、原始の状態は失われている。一方、小惑星では溶けておらず、太陽系初期の物質状態をよく留めているとされ、「リュウグウ」には有機物や水を含んでおり、物質に含まれる有機物を調べれば「生命の材料であるアミノ酸などの有機物は太古の地球に小惑星や隕石が衝突して届いた」という仮設の検証につながるというのです。

私たちの生命の源は宇宙から来たのかもしれません。身体を作っている原子は星屑であり、どこかの星の爆発でばら撒かれたものが私たちを作っている。そうだとすれば、有機的な全体の中に自分がいるのであり、宇宙や地球上の万物は皆繋がっていることになります。近視眼的に眺めて自他がいがみ合っている場合ではない。宇宙に目を向けることで何か解決できることがないだろうか。

人類の手が新たな星に届いた。太陽系の歴史のかけらを手に入れた。人類にとって新たな知見に立つ契機でもある。「はやぶさ2」は地球人に宇宙的な意識をもたらす「うちでのこづち」

にならないか。

宇宙から地球を見るとき、私たちはひとつの全体に見える。私たちはひとつに結ばれていて、個々ばらばらに存在しているのではないことを目の当たりにするのだ。

スティーヴン・ホーキング

仏教の華厳思想には「一即一切、一切一即」という表現がある。「一」としての生命現象が「一切」としての無限の宇宙生命を含んでいるとする深く壮大な思想です。小さな命は宇宙と共にある。小さな命とは人間だけではありません。宇宙生命の根源と塵のような私たちの命は本来一つであり、同じ働きをもっている。私たちの心の中で宇宙生命の本来の働きを感得していくことが深い「宇宙的人間性」を育んでいくことになるのです。

〈参考文献〉

・「宇宙の余命1400億年以上」産経新聞、2018年9月26日夕刊
・「生命の起源解くヒント期待」産経新聞、2019年、2月22日夕刊
・スティーヴン・ホーキング著、青木薫訳『ビッグ・クエスチョン』NHK出版、2019年

9　人は何のために生きるのか

地球の生命が小惑星の衝突により誕生したとすれば神の天地創造説が説得力を失う。神や仏がいないとなると困ることがある。それは決して科学では得られない情緒的な絶対的なものへ帰依して得られる安堵感です。宗教は絶対的な神を想定することで人間が現世での苦悩を脱し、生きる意味や幸福への道標を説く。それがファンタジーであっても、そこには救済と安寧がある。だが、科学は宇宙の成り立ちやいかにして人間が存在するようになったのかを解明していくが、そのものが「なぜ」「なんのために」存在するのかについては説明できません。科学的知見では、偶然の重なりで生まれてきた人間には宗教で説かれるような生きる目的が与えられるということはありません。個々人が「いかに生きるか」「何のために生きるか」といった自己の存在する目的や意味、生きがいについて洞察を深めていくしかありません。

生きがいの一つは、生物学的には「自己の持つ機能を発揮していくこと」ではないだろうか。自分を最大限に発揮することが「幸せ」につながる。これは道元が『正法眼蔵』で説く「全機」と同意です。完全なる働きをすることです。自然は全くの「全機」である。大自然や動植物の活動は全力である。だが、人生には余暇もレクリエーション、スポーツも芸術もある。多様に自己を活かせる。人生は苦ばかりではなく、多くの喜びもある。自分に備わっている可能性を活かしていくことを使命・天命だと気付けることが幸せであり、生きがいになる。

個体の遺伝子が最大に機能するということは、社会的には利他的であることでもある。自他は関わり合って存在しているため自己を活かすことは他者を最大限に活かすことにもなる。自己を最大限に活かし、利他に生きる。これが生きがいについて科学と宗教の融合した結論です。

人間は万能ではありません。科学にも宗教的思考にも限界があります。宇宙についても人智を超えたことがあり、人間の脳が理解するには限界があるでしょう。理論上でも想像の上でも理解できない次元があるかもしれません。それでも神の領域のように思われた生命科学の分野にも人間の知性はどこまでも挑戦していくでしょう。傲慢になることも過信することも戒めながら、あわせて精神的な高まりを達成していってほしいものです。

森光巧悟氏（マスロー心理学研究会）は、「人間は何のために生きているか、生きてきたか。どこに向かうのか」という問いに対して、「生きるために生まれてきた」と答える。森氏のいう「生きる」とは、人間はただ生命を繋ぐだけに生きていくだけではなく、精神の高まりをもって生きることができることを意味していよう。人に尽くすことで、尽くした人も尽くされた人も快感を覚える。そのことが脳内に快感物質を分泌させ、より生命を強力に継続させていくことにつながる。森氏は人間にとって、まず自身が生きることに満足し、そのうえで社会貢献や利他に生きることが幸福であり、その実現のためにこそ生きていこう、と説いていよう。

〈第Ⅱ部〉

1 超訳「般若心経」

摩訶般若波羅蜜多心経《まかはんにゃはらみったしんぎょう》

観自在菩薩《かんじざいぼさつ》　行深般若波羅蜜多時《ぎょうじんはんにゃはらみったじ》　照見五蘊皆空《しょうけんごうんかいくう》　度一切苦厄《どいっさいくやく》　舎利子《しゃりし》　色不異空《しきふいくう》　空《くう》
不異色《ふいしき》　色即是空《しきそくぜくう》　空即是色《くうそくぜしき》　受想行識《じゅそうぎょうしき》　亦復如是《やくぶにょぜ》　舎利子《しゃりし》　是諸法空相《ぜしょほうくうそう》　不生不滅《ふしょうふめつ》
不垢不浄《ふくふじょう》　不増不減《ふぞうふげん》　是故空中無色《ぜこくうちゅうむしき》　無受想行識《むじゅそうぎょうしき》　無眼耳鼻舌身意《むげんにびぜっしんに》　無色聲香味觸法《むしきしょうこうみそくほう》
無眼界《むげんかい》　乃至無意識界《ないしむいしきかい》　無無明《むむみょう》　亦無無明盡《やくむむみょうじん》　乃至無老死《ないしむろうし》　亦無老死盡《やくむろうしじん》　無苦集滅道《むくじゅうめつどう》
無智亦無得《むちやくむとく》　以無所得故《いむしょとくこ》　菩提薩埵《ぼだいさった》　依般若波羅蜜多故《えはんにゃはらみったこ》　心無罣礙《しんむけいげ》　無罣礙故《むけいげこ》　無有恐《むうく》
怖《ふ》　遠離一切顛倒夢想《おんりいっさいてんどうむそう》　究竟涅槃《くきょうねはん》　三世諸仏《さんぜしょぶつ》　依般若波羅蜜多故《えはんにゃはらみったこ》　得阿耨多羅三藐三《とくあのくたらさんみゃくさん》
菩提《ぼだい》　故知般若波羅蜜多《こちはんにゃはらみった》　是大神呪《ぜだいじんしゅ》　是大明呪《ぜだいみょうしゅ》　是無上呪《ぜむじょうしゅ》　是無等等呪《ぜむとうどうしゅ》　能除一切苦《のうじょいっさいく》
真実不虚《しんじつふこ》　故説般若波羅蜜多呪《こせつはんにゃはらみったしゅ》　即説呪曰《そくせつしゅわつ》　羯諦羯諦波羅羯諦《ぎゃていぎゃていはらぎゃてい》　波羅僧羯諦《はらそうぎゃてい》　菩提娑婆《ぼぢそわ》
訶《か》　般若心経《はんにゃしんぎょう》

《根源の自覚》

悟りは与えられて得られるのではなく自分自身の心の中で覚醒するのです。世の中の事象を深く意識していくと、そのものと自身とが一体化し肉体も精神もあらゆるものが実体をもたず消滅していくことが分かり、苦悩が克服でき、悩みが消えていくのです。

悟りを求めている人よ、この世界の現象の本質は実体のないものです。目に見えている「色」は目にはみえない「空」と異ならないし、目には見えない「空」は目に見える「色」と別ものではありません。「色」はそのまま「空」であり、「空」はそのまま「色」なのです。感じる感覚も、知るといったことも意識や意志も判断する精神の働きも、すべて実体がないのです。

悟りを求めている人よ、このように存在の全てが「空」であるため、生じることもなく、無くなるということもなく、生まれもしなければ死にもしないのです。汚れてなければ、清らかというものもない。増えもしないし、減りもしないのです。目に見えるもの、耳で聞こえる音や声、鼻で嗅ぐ香り、舌で味わう味、身体で触れられるもの、意識による認識。これらすべてのものも実体がないのです。迷いや迷いが尽きるということもなく、老いて死ぬということも老死の苦しみが尽きるということもないのです。苦しみやその原因となるものもないので、苦しみが消滅することも、苦しみを克服する道というものもありません。何かを知るということも、また何かを手に入れるということもありません。それは心が囚われていないからです。

真理を求めている人は自身が万物と一体であることを覚醒することによって心にこだわりがなくなり恐怖心もなくなります。物事を逆にとらえることも、妄想に悩まされることもなくなり、誤った考えから離れて悟りの境地に達し、心が平安になります。

過去・現在・未来の悟りを求める人たちは、宇宙万物の根本原理を知ることによって無上の悟りを得るのです。正しい完全な悟りが得られるのです。
宇宙万物の根本原理には無上無比のすばらしい力があり、あらゆる苦しみから解放されていきます。この呪文は真実であって偽りではありません。では、唱えましょう。

悟りを得ましょう　悟りを求めて修業している人たちと共に
悟りを求めている人に幸あれ！

これが宇宙の根本原理の教えです。

【新解釈】

（1）観自在菩薩

ブッダは弟子に法を説いたが、一言も書き記してはいない。後年、ブッダの弟子たちが教えを書き記したものが数多ある教であり、その神髄が大乗仏教で「般若心経」にまとめられた。ひろさちやは、般若心経の中で舎利子を諭しているのは釈迦ではなくて観自在菩薩であるとして次のように述べている。

大乗仏教は上座部仏教（小乗仏教）を出家した人間だけが救われるエリート集団、エゴイズムの仏教だとして批判しており、舎利子が上座部仏教の代表的存在にされて諭される形で書かれている。「舎利子よ、あなたの仏教の考え方は間違っています。このように考えなさい」という。舎利子を諭しているのは釈迦ではなくて観自在菩薩というのが学問的解釈のようである。

（ひろさちや、１２２頁）

このように「観自在菩薩」は一般に「観音菩薩」として解されている。だが、秋月龍珉は「観自在菩薩」は「本来の自己」「真実の自己」のことだとする。

禅者は、「観自在菩薩」は自己の外に見てはならず、この菩薩は、〝心眼を開いて観る〟と〝自らに存在する—自らに存す—菩薩〟であると読め、と教えるのである。「観自在菩薩」は、ほかならぬ「本来の自己」のこと、「真実の自己」のことである。そうすると、こういうことになろう。「本来の自己が深い般若の智慧の完成を行ずるとき、五蘊皆空であるという悟りが開けて、人生のすべての苦悩が解決された」

（秋月龍珉、80～81頁）

筆者は、悟りは自身の外部から諭されて得るものではなく、自身の中に求め究めて行くものであると考える。菩薩は「自らに内在する」のであり、自己の外に菩薩を見るのではなく、自分の中にある仏性をどう「引き出すか」が問われる。このため「観自在菩薩」を「自分の中に菩薩（悟りの求道者）が在ることを観なさい」という意味として次のように解釈する。

悟りを観音菩薩といった他者に求めるのではなく、自分自身の心の中に悟りの求道者である菩薩が居ることに気付きなさい。深く洞察することで現実のあらゆる事象は空虚であることが分かり、我執を越えた大きな世界観に達する。これが大いなる智慧であり、超個の境涯で生きることで個我の苦悩から解放されて安寧が得られる。

「般若心経」が仏法の神髄であれば、ブッダが悟りを得た後に最初に弟子へ説いた当時のように表現されるべきである。ブッダは「観世音菩薩」なるものを想定して語ったのではない。観世音菩薩とは後進者の創造（想像）であり、ブッダは誰もが自分自身の中に仏になる素地のあることを観よ、と諭した。

ブッダは人を救うのは他者ではなく、その人自身だと弟子に教えた。「自己の主」に出会えるのは自分以外にない。ブッダ直系の禅ではこの自己を「一無位の真人」と教えている。臨済宗中興の祖・白隠慧鶴は『坐禅和讃』で「衆生本来仏なり。水と氷の如くにて水を離れて氷なく、衆生のほかに仏性なし」と述べている。自己の中にある本来の自己、それを仏性といって

もよく、自己の仏性に気づいた人がそのまま釈迦になるというのだ。（『釈迦の本』１８７頁）

（2）行深般若波羅蜜多時

…仏様の智恵で波羅蜜多行を深く考え、行う時
（大栗道榮『声を出して覚える般若心経』中経出版、２００２年）

…真理に対する正しい智慧の完成を目指していた時に
（柳澤桂子・堀文子『生きて死ぬ智慧』小学館、２００５年）

…智慧の完成を実践されたとき
（ひろさちや『知識ゼロからの般若心経入門』幻冬舎、２００９年）

多くは「行」を「実践する」という意味で解釈しており、具体的には秋月のように「座禅」をすることとしている。（秋月龍珉、80頁）

だが、筆者は「行」とは実践そのものよりも行動をうながす「意志・意識」であるとして、座禅の修業に限らず、庭で草むしりをしていようが洗濯物を畳んでいようが、散歩をしていようが、その行為と一体化する意識こそが重要であるとして次のように解釈する。

「…そのものを深く意識していくと、そのものと一体化し…」

人間の内に潜んでいる仏性は瞑想に限らず、そのものと一体化した無我の状況から生まれてくる。何かを実践するとか、完成させるとかいうのではなく、ただそのものと一体化することだ。

（3）菩提薩埵　依般若波羅蜜多故…

多くの解釈では「菩提薩埵」は「菩薩」「悟りを開いた人」を表し、「菩薩は仏の智慧を完成しているから、こだわりがなく、恐怖もない」とする。

だが、筆者は、「菩薩は自身に内在する求道者であり、完成者ではない。まだ智慧の完成を得てはおらず、プロセスの最中にある」として次のように解釈する。

悟りを求めている者は自身が万物と一体であるという「空」の智慧を得ることによって心にこだわりがなくなり、恐怖心もなくなる。

菩薩は、智慧の完成者ではなく、求道者である。

（4）遠離一切顛倒夢想　究竟涅槃

ブッダは何に囚われず惑わされないことを説いたのか。我執から生じる諸々な煩悩や片寄ったものの見方もあろう。だが、ブッダは自我に実体がないことから、古代インドから根強く信じられていた「輪廻転生」が夢想であるとし、この呪縛から脱却し解放されて安寧を得ることを説いた。「輪廻転生」「梵我一如」を否定克服したのだ。

輪廻の主体は記憶など前世の個性をともなった自己（我＝霊魂）であった。自己という不変の実体があり、それに前世の個性がともなうと考えたのです。だが、自己とはそれ自身で自足的に存在するのではなく、他との関係において存在し、しかも絶えず変化する。ブッダはこれを「縁起」として説明した。Aが存在するのはBによってであり、Bが存在するのはCが存在するからである。この無限の連鎖により一切が生じ、滅していくとした。すべては時間と空間の中では仮の現れの姿であり、自我も突き詰めていけば「無我」「無常」である。輪廻転生する自己などない。（『釈迦の本』61頁）

（5）「得阿耨多羅三藐三菩提」の意味

サンスクリット語の「アヌッタラー・サムヤックサンボーディ」の音を漢訳すると「無上正等正覚」となり、「この上なく正しい完璧な悟り」とされる。

一般に「この上ない正しい完全なる悟りをひらかれた」と解釈されているが、なぜそのような意味になるのか。どのように「意訳」されたのか。

「得」…手にいれる。できる。（鎌田正・米山寅太郎『漢語林』大修館書店、２００1年）
「阿」…へつらう。自分の気持ちを曲げて従う。（『漢語林』）
「耨」…鋤で雑草を取り除く。悪いことを除き去る。（『漢語林』）
このことから「得阿耨」は「自分の気持ちを曲げてへつらうといったことを取り除くことができる」と訳せる。
「羅」…羅漢（煩悩を断ち切って悟りを開いた者）
原始仏教における覚者の最高位。仏陀、正覚と同義。順次段階があり、上から阿羅漢果、阿羅漢向、阿那含（不還）果、阿那含向で、ここまでが完全な解脱者。
（以下、省略）（『釈迦の本』36頁）
「藐」…はるか。遠い。（『漢語林』）
「三菩提」…過去、現在、未来の悟りの求道者。
このことから「多羅三藐三菩提」は「多くの羅漢やはるか遠い過去・現在・未来の求道者たち」である。
つまり、「多くの羅漢や遠く時間と空間を超えた過去・現在・未来の求道者たちは自分の気持ちを曲げてへつらうといったことを取り除くことができる」となる。このことから「この上ない正しい完全なる悟りをひらかれた」という意味になるのかもしれない。

筆者は漢訳をもとに意味を推察したが、般若心経などの神髄には不立文字の部分が多々あるため、サンスクリット語のニュアンスそのものを体得した者が便宜上「意訳」して漢訳したのかもしれない。

(6) 波羅羯諦　波羅「僧」羯諦　菩提娑婆訶

悟りの彼岸へ行こう　真理を求めサンガと共に　求道者に幸あれ！

＊サンガ samgha：
「僧伽」を略して「僧」。自由意志によって共同目的のために作られた組合。真理を求めて仏陀のもとに集まった人々はサンガを形成した。サンガの目的は真理の把握とその実現にある。(渡辺、98頁)
「僧」は「和合」の意味であり皆で一緒に行く。(公方、239頁)

ここで述べられた文言はサンスクリット語の祈りであり、訳すことには意味がなく、言葉の力をそのまま体感することが重要であるとされる。原語を言葉に訳さず、本来の発せられた音声そのものに力が宿るとするのだ。だが、それではそれを理解できる特定の人しか伝わらない。人が発する音には意味や願いが込められている。漢訳は当て字だとはいえ、訳した者の願いも込められていよう。祈りの言葉や音にはそれを最初に発した者だけではなく、それを聴く者や解釈する者など人それぞれの願いが込められていくため、その人なりの解釈があってよい。

(7) ブッダの「舎利子…」への語りかけ

「般若心経」の中でブッダは舎利子へ3度語りかけている。最初と2度目は直接「舎利子…」と呼びかけ、3度目は真言を唱える形で語りかけている。

最初の呼びかけは、「舎利子　色不異空　空不異色　色即是空　空即是色　受想行識亦復如是」であり、世界における「現象」の根本原理は「空」であり、自我でさえ実体がないことを説いた。ここでは人間の精神も実体がなく無我であるため、来世での「輪廻転生」を否定している。

2回目の呼びかけは、「舎利子　是諸法空相　不生不滅　不垢不浄　不増不減…」であり、あらゆる「存在」の根本原理も「空」であることを説いた。ここでは生死の循環から離脱し一切の苦から解放されるとした。

3回目の呼びかけは舎利子の名を呼んでいないが、真言を唱えながら舎利子がサンガ（修行者たちの集まり組織）で修業中の他の求道者ともども悟りが得られることを祈っているのである。

「般若心経」の中ではブッダが舎利子へ語りかけているように書かれているが、舎利子は修行者の象徴であり、悟りを求めている誰に対しても語りかけているのである。ここでブッダの導きにより舎利子が覚醒していく智慧は求道者のものでもあり、誰もが自分自身で智慧を覚醒していくよう諭しているのだ。

（8）「空」とは

鈴木大拙は「空」を実在に対比させて非実在すなわち空無または空虚だと考え、「私は普通にこれをEmptinessと訳している」（1989年、18頁）としている。これでは「空」はvacant（空っぽ）の意味になり、「無」の意味になる。

だが、「色」は現象の次元であり、その分別が「有」「無」になる。このときの「無」が「空」なのではない。「空」とは有無を超越統合した無分別の次元であり、「有 or 無」ではなく「有即無」であり一如である。筆者は「空」の英訳を〝one whole-ness〟とする。

〈色〉…　現象（物質）の分別
something（有）←→ nothing-ness（無）
↓ emptiness　vacant（空っぽ）
〈空〉…　無分別
one whole-ness（一如、全体性）

「空」は「色」の次元の「有」と「無」を含めて超えた一つの全体であり、この世の現象は永遠不滅の本質をもつものではなく無常で実体がないが、そのことが事象を生成させているという宇宙の根本原理を表した概念である。変化するものを変化すると認め、実体がないところに実体がないことを認め、一つの全体性に立つことにより苦悩から脱出できる。

柳澤は原子の世界から般若心経の「空」について次のように説明している。

色即是空　空即是色

私たちは広大な宇宙のなかに存在します。宇宙では形という固定したものはありません。実体がないのです。宇宙は粒子に満ちています。粒子は自由に動き回って形を変えて、お互いの関係の安定したところで静止します。形のあるもの、いいかえれば物質的存在を私たちは現象としてとらえているのですが、現象というものは時々刻々変化するものであって、変化しない実体というものはありません。実体がないからこそ形をつくれるのです。実体がなくて変化するからこそ物質であることができるのです。（柳澤、6〜7頁）

是諸法空相　不生不滅　不垢不浄　不増不減

あなたも宇宙のなかで、粒子でできています。宇宙のなかのほかの粒子と一つづきです。

ですから宇宙も「空」です。あなたという実体はないのです。あなたと宇宙は一つです。宇宙は一つづきですから、生じたということもなく、なくなるということもありません。きれいだとか汚いだとかということもありません。増すこともなく、減ることもありません。（柳澤、10〜11頁）

物質の世界は動き回る原子でできており、原子の動き回りが濃淡を成していく。密度が高いところが人体などの物質になり、低いところが大気などになる。人体は他の原子であったものから構成され、いずれ他のものに還元されていく。世界は物質の有無、生死といったように分別されるものではなく、一元的であることが真理である。自己と他者とを分別することで欲望が煩悩として現れてくる。だが、自己の存在は他者ともつながる一元的な存在であるという宇宙の真理に目覚める人は物事に執着することなく、何事も受け入れていける。（柳澤、44頁）この見地において東洋思想と科学が一致しよう。

「色即是空、空即是色」。「色」の次元では物質と非物質は循環するかのようだが、それは対になっており、循環ではなく、即「ある」のだ。「色」の次元の「有」と「無」の全体性が「空」という概念であり、「空」は何もないことではなく、「色」「無」を同時に含む万物創生の根本原理の概念である。「色」の次元で「有」はいずれ「無」になるという視点で見ると空虚で厭世的になり、無常感が漂う。煩悩も生じる。宇宙は無限であるとか有限であるとか死後存在は有るとか無いとか、どちらか一方に執着する姿勢そのものが迷いであり、渇愛であり、苦である。だが、「有」も「無」も含めて一切を「空」という全体性・無分別の視点から見ると我執を離れ、万物との一体観に達し生死を超えた永遠性が得られる。迷いと悟りとは見る次元の違いにある。しかし、だからといって「空」の世界観で生きることが推奨されるものではない。「色・空」のどちらかに片寄らないで適度なら良いということでもない。「色・空」双方を超越しながら高次な精神段階に高まっていくことだ。それは心を空しくするという消極的否定的な態度ではなく、拘りを離れた精神が新たな自由な境地を開拓していくことである。（渡辺照宏、94頁）

(9)「般若心経」とは

今や苦行を積んだ修行者ではなく、ロボットに変身した「アンドロイド観音」から映像と音楽を組み合わせながら法話を聴く時代である。アンドロイドには煩悩がない。人間は心を痛めた分だけ他者に対して慈悲に生きることができる。人間が「アンドロイド観音」を「崇敬の対象」にすることがあるのだろうか。今日の世相をブッダが知ったらどう思うのだろうか。ともあれ、時代は変化しつつある。その神髄が人々の心の糧となり、生きていきやすくなればそれでいい。

「般若心経」を唱える目的は、宇宙の根本原理を覚醒することにより一切の苦からの解放を得ることである。生老病死の苦から解放され、永遠の次元で生きることだ。それは経を唱えることによって来世を何か大きなものに委ねるとか、葬儀の場で死者の供養のために唱えるといったことで達成できるものではない。「般若心経」は誰もが洞察を深めて宇宙の根本原理を理解することで現世を安寧に生きていくための道を説いているのであり、救いと悟りを求めている人々が共に達成されることを祈念しているのである。我執を超えて生きようとする人たちへの応援歌である。

一生は短い。だが、「般若心経」により心に永遠を想うことができる。

〈参考文献〉

・秋月龍珉「『二百七十六文字』に込められた仏の智慧」（瀬戸内寂聴・梅原猛他『般若心経のこころ』プレジデント社、１９９２年
・太田雅男編『釈迦の本―永遠の覚者・仏陀の秘められた真実』学習研究社、１９９４年、75頁、１８７頁
・大栗道榮『声を出して覚える般若心経』中経出版、２００２年
・岡野守也『唯識　仏教的深層心理の世界』ＮＨＫ出版、１９９７年、１５１〜１５３頁
・鎌田正・米山寅太郎『漢語林』大修館書店、２００１年
・岸根卓郎『宇宙の意思』東洋経済新報社、１９９３年

・岸根卓郎『見えない世界を超えて―すべては一つになる―』サンマーク出版、1996年
・鈴木大拙『一禅者の思索』講談社学術文庫、1989年、18頁
・ひろさちや『知識ゼロからの般若心経入門』幻冬舎、2009年
・松原泰道『わたしの般若心経』祥伝社、1991年
・柳澤桂子・堀文子『生きて死ぬ智慧』小学館、2005年
・渡辺照宏『仏教』岩波新書、1965年
・ローレンス・クラウス著、青木薫訳『宇宙が始まる前には何があったのか』文藝春秋、2013年、225頁

2　神道「祝詞」現代語訳

神道の祝詞の解説については専門書に記載されているが、ネット上でも容易に閲覧できる。未だ不明な箇所も多々あるが、ここでは幾つかの説を参考のうえ新現代語訳と解釈を試みた。

(1)「天津祝詞」現代語訳

天津祝詞《あまつのりと》

高天原《たかまのはら》に神留坐《かみとどまりま》す　神魯岐《かむろぎ》神魯美《かむろみ》の命《みこと》以《も》ちて　皇御祖神《すめみおやかむ》伊邪那岐命《いざなぎのみこと》　筑紫《つくし》の日向《ひゅうが》の橘《たちばな》の小戸《おど》の阿波岐原《あわぎはら》に　御禊祓《みそぎはら》ひ給《たま》ふ時《とき》に生坐《あらませ》る祓戸《はらひど》の大神等《おおかみたち》　諸々《もろもろ》の枉事罪穢《まがごとつみけがれ》を　祓賜《はらひたま》へ清賜《きよめたま》へと申《もう》す事《こと》の由《よし》を　天津神国津神《あまつかみくにつかみ》八百萬《やおよろず》の神等共《かみたちとも》に　天《あま》の斑駒《ふちこま》の耳振《みみふ》り立《た》てて聞《き》こし食《め》せと　恐《かしこ》み恐《かしこ》みも白《まお》す

天上の神の世界におられる「カムロギ」と「カムロミ」の命を受けて皇室の祖先の伊邪那岐命が筑紫の日向の橘の小戸の阿波岐原で禊ぎ祓いをされたときに現れた祓戸の大神たちよ、人間のさまざまな罪、穢れ、厄災を祓い清めくださいますようお願い申しあげることを、天の神、地の神、八百万の神々と共に、まだら模様のある天馬が耳を振り立てるようにしてお聞きくださいますよう、恐れ多くも申しあげます。

〈註〉
カムロギノ命…高御産霊神（たかみむすびのかみ）
カムロミノ命……神産霊神（かみむすびのかみ）

『古事記』「天地初発《てんちしょはつ》」によると、「天と地が初めてできた時、高天原に天之御中主神が生まれた。次に高御産巣日神（カムロギノ命）、神産巣日神（カムロミノ命）」が生まれた。この三柱の神は単独の神で姿はなくとも確かに存在する神であるとしている。

高天原の「高」は高低差を表す縦軸、「天」は空間、「原」は水平に広がる横軸を表し、高天原は神々の住む三次元空間を表しているとされる。

（2）「大祓詞」現代語訳

大祓詞《おほはらへのことば》

高天原《たかまのはら》に神留《かむづま》り坐《ま》す　皇親《すめらがむつ》神漏岐《かむろぎ》　神漏美《かむろみ》の命《みこと》以《も》ちて　八百萬神等《やおよろずのかみたち》を神集《かむつど》へに集《つど》へ
賜《たま》ひ　神議《かむはか》りに議《はか》り賜《たま》ひて　我《あ》が皇御孫命《すめみまのみこと》は　豊葦原水穂國《とよあしはらのみずほのくに》を　安國《やすくに》と平《たひら》けく知《し》ろし

食《め》せと　事依《ことよ》さし奉《まつ》りき　此《か》く依《よ》さし奉《まつ》りし國中《くぬち》に　荒振《あらぶ》る神等《かみたち》をば　神問《かむと》はしに問《と》はし賜《たま》ひ　神掃《かむはら》ひに掃《はら》ひ賜《たま》ひて　語問《ことと》ひし磐根《いはね》　樹根立《きねたち》　草の片葉《かきは》をも語止《ことや》めて

天上の神の世界におられる皇室の祖先「カムロギ」と「カムロミ」の命令を受けて多くの神たちが天の安の河原に集められ、幾度も議論が重ねられました。この結果、天照大神の孫の「ニニギノ命」が豊葦原瑞穂の国（日本）へ降臨し平和な国として統治するよう委任されました。

しかし、国内には恭順を示さない大国主命など荒々しい神々がいたので何度も説き伏せ、従わない場合には成敗していくと、岩石や樹木、雑草の葉っぱまでもが口を閉ざして従うようになり平穏になりました。

天《あめ》の磐座放《いはくらはな》ち　天《あめ》の八重雲《やへぐも》を伊頭《いつ》の千別《ちわ》きに千別《ちわ》きて　天降《あまくだ》し依《よ》さし奉《まつ》りき　此《か》く依《よ》さし奉《まつ》りし四方《よも》の國中《くになか》と　大倭日高見國《おほやまとひだかみのくに》を安國《やすくに》と定《さだ》め奉《まつ》りて　下《した》つ磐根《いはね》に宮柱太敷《みやばしらふとし》き立《た》て　高天原《たかまのはら》に千木高知《ちぎたかし》りて　皇御孫命《すめみまのみこと》の瑞《みづ》の御殿仕《みあらかつか》へ奉《まつ》りて　天《あめ》の御陰《みかげ》　日《ひ》の御陰《みかげ》と隠《かく》り坐《ま》して　安國《やすくに》と平《たひら》けく知《し》ろし食《め》さむ國中《くぬち》に成《な》り出《い》でむ天《あめ》の益人等《ますひとら》が　過《あやま》ち犯《をか》しけむ種種《くさぐさ》の罪事《つみごと》は　天《あま》つ罪《つみ》　國《くに》つ罪《つみ》　許許太久《ここだく》の罪《つみ》出《い》でむ

ニニギノ命は天上の御座を後にして従者と共に幾重にも折り重なった分厚い雲を激しい勢いで何度も掻き分けながら地上に降りてきた。

その子孫カムヤマトイワレビコは地上の世界を平穏に統治するために四方の国土の中心として太陽が高く輝く大和の国を都と定め、そこに地底の岩に太い柱を掘り立て、屋根の千木の先が高天の原に届くように雲を突き抜け高々と聳え立つ荘厳な宮殿を建立し、天の神の神力や天照大神の庇護を受けながら宮殿に籠もって平和な国になるよう祈願をする。だが、その国土に生まれてくる人びとが犯す犯罪は自然破壊や人倫の規範を破るといった天上の罪や地上の罪などさまざまな罪穢れが取りとめなく現れてくる。

此《か》く出《い》でば　天《あま》つ宮事《みやごと》以《も》ちて　天《あま》つ金木《かなぎ》を本《もと》打《う》ち切《き》り　末《すゑ》打《う》ち断《た》ちて　千座《ちくら》の置座《おきくら》に置《お》き足《た》らはして　天《あま》つ菅麻《すがそ》を本刈《もとか》り断《た》ち　末刈《すゑか》り切《き》りて　八針《やはり》に取《と》り辟《さ》きて　天《あま》つ祝詞《のりと》の太祝詞事《ふとのりとごと》を宣《の》れ

このように罪や穢れが現れるならば、天の国で執り行われる儀式にならい、神事の供え物として真榊の根元と末を切断したものを千ほどたくさんの台の上に並べ、清らかな菅の根元と末を刈り断ち、細かく裂いたものを祓え具として用いて、天の祓いの詞の太祝詞を奏上するようにいわれた。

此《か》く宣《の》らば　天《あま》つ神《かみ》は天《あめ》の磐門《いはと》を押《お》し披《ひら》きて　天《あめ》の八重雲《やへぐも》を伊頭《いつ》の千別《ちわ》きに千別《ちわ》きて
聞《き》こし食《め》さむ　國《くに》つ神《かみ》は高山《たかやま》の末《すゑ》　短山《ひきやま》の末《すゑ》に上《のぼ》り坐《ま》して　高山《たかやま》の伊褒理《いぼり》　短山《ひきやま》の伊褒《いぼ》
理《り》を掻《か》き別《わ》けて聞《き》こし食《め》さむ　此《か》く聞《き》こし食《め》してば　罪《つみ》といふ罪《つみ》は在《あ》らじと

このように奏上すれば、天の神は天の岩戸を押し開いて、空に幾重にも重なっている雲を激しく掻き分けて聞いてくださるであろう。地上の神は高い山や低い山の頂上に登られて、山々にたちこもっている濃霧を掻き分けてお聞きくださるであろう。このようにお聞きくださいましたら、一切の罪は無くなります。

科戸《しなど》の風《かぜ》の天《あめ》の八重雲《やへぐも》を吹《ふ》き放《はな》つ事《こと》の如《ごと》く　朝《あした》の御霧《みぎり》　夕《ゆふべ》の御霧《みぎり》を　朝風《あさかぜ》　夕風《ゆふかぜ》の吹《ふ》き
拂《はら》ふ事《こと》の如《ごと》く　大津邊《おほつべ》に居《を》る大船《おほふね》を　舳《へ》解《と》き放《はな》ち　艫《とも》解《と》き放《はな》ちて　大海原《おほうなばら》に押《お》し放《はな》つ事《こと》
の如《ごと》く　彼方《をちかた》の繁木《しげき》が本《もと》を　焼鎌《やきがま》の敏鎌《とがま》以《も》ちて　打《う》ち掃《はら》ふ事《こと》の如《ごと》く　遺《のこ》る罪《つみ》は在《あ》らじと
祓《はら》へ給《たま》ひ清《きよ》め給《たま》ふ事《こと》を

それはあたかも海辺から吹く強風が天空で幾重にも重なっている雲を吹き飛ばしてしまうかのように、朝霧や夕霧を朝風や夕風が吹き飛ばしてしまうかのように、大きな港に停まっている大船の舳先や艫で繋ぎ止めている綱を解いて大海原へ押し放つかのように、見渡す限り繁茂している雑木の根元を焼きを入れた鋭い鎌で伐採し尽くしてしまうかのように、残っている罪は一切無くなり、祓い清められます。

高山《たかやま》の末《すゑ》　短山《ひきやま》の末《すゑ》より　佐久那太理《さくなだり》に落《お》ち多岐《たぎ》つ　速川《はやかは》の瀬《せ》に坐《ま》す瀬織津比賣《せおりつひめ》と言《い》ふ
神《かみ》　大海原《おほうなばら》に持《も》ち出《い》でなむ　此《か》く持《も》ち出《い》で往《い》なば　荒潮《あらしほ》の潮《しほ》の八百道《やほぢ》の八潮道《やしほぢ》の潮《しほ》の八《や》
百會《ほあひ》に坐《ま》す速開都比賣《はやあきつひめ》と言《い》ふ神《かみ》　持《も》ち加加呑《かかの》みてむ

この祓われた罪を、高い山や低い山の頂から流れ落ちてくる急流の瀬に住んでいる「セオリツヒメ」と言う神様が大海原に持って出て行きます。

このように罪を大海に持って出て行くと、次には激しい潮流が幾重にもぶつかり合って大きな渦潮がいくつも生まれるような荒海に住んでいる「ハヤアキツヒメ」と言う神がガブガブと飲み込みます。

此《か》く加加呑《かかの》みてば　氣吹戸《いぶきど》に坐《ま》す氣吹戸主《いぶきどぬし》と言《い》ふ神《かみ》　根國《ねのくに》　底國《そこのくに》に氣吹《いぶ》き放《はな》ちてむ　此《か》
く氣吹《いぶ》き放《はな》ちてば　根國《ねのくに》　底國《そこのくに》に坐《ま》す速佐須良比賣《はやさすらひめ》と言《い》ふ神《かみ》　持《も》ち佐須良《さすら》ひ失《うしな》ひてむ

このように飲み込んでしまったら、次に生命の息吹が発生するという息吹戸に住んでいる「イブキドヌシ」と言う神が、根の国・底の国というこの世の根源の世界（黄泉の国）まで激しく息を吹き放ちます。

このように息吹を放てば、根の国・底の国に住んでいる「ハヤサスラヒメ」と言う神が罪をすばやくどこか遥か彼方へ持ち去ってしまうので罪はすっかり失われてしまいます。

此《か》く佐《さ》須《す》良《ら》ひ失《うしな》ひてば　罪《つみ》と言《い》ふ罪《つみ》は在《あ》らじと　祓《はら》へ給《たま》ひ清《きよ》め給《たま》ふ事《こと》を　天《あま》つ神《かみ》　國《くに》つ
神《かみ》　八《や》百《お》萬　神　等《よろづのかみたち》共《とも》に　聞《き》こし食《め》せと白《まを》す

このように罪を浄めてくださるならば、この世から一切の罪が消滅します。今ここに「祓え給え清め給え」と唱え申しあげることを天上の神、地上の神を始め八百万の神々がお聞きくださり、力を授けくださりますよう謹んでお願い申しあげます。

〈註〉

（a）ニニギノミコトは天上界から高千穂に降臨した。この後、3代目の子孫にあたるカムヤマトイワレビコが兄イッセと共に「中つ国」を統治するのに便利な「大和」へ移ることを決める。だが、高千穂からの東征は容易ではなく、途中にさまざまな襲撃に遭い兄イッセは死去した。

イワレビコは紀伊の熊野村に上陸したが妖気に当てられ倒れた。そこに布都御魂（ふつのみたま）というタケミカズチの霊刀を持ったタカクジラが現れる。天上のアマテラスが子孫の危機を察知して寄越したのだ。他にも「天つ神」から遣わされた八咫烏がイワレビコ一行を先導した。このように大和を拠点にして「中つ国」を治めようとするイワレビコには「天つ神」のご加護があった。中つ国とは地上の人間の世界であり、神の子孫が人間の世界での統治を始めたのだ。その最初がイワレビコ、つまり初代天皇の神武天皇である。（『面白いほどよくわかる古事記』16頁）

（b）カムヤマトイワレビコは、大和に宮殿（畝傍橿原宮）を構え、初代神武天皇として即位し、大和に強大な政権が築かれた。

この他の巨大神殿には、オオクニヌシが天つ神に国を譲る条件として、「天つ神の子孫と同様に立派で、千木が天に届くほど大きい宮がよい」と要求し、出雲大社が建てられた。（『面白いほどよくわかる古事記』１４６頁）

（c）「天の御陰」とは天上界の神々の庇護の意である。「日」とは太陽神「天照大神」であり、「日の御陰」とは天照大神の加護を受けることである。「隠り坐す」とは、宮殿に籠もり祈願することである。つまり、宮殿において天上の神々の加護を得て国の安寧を祈願することが統治をするということであった。神殿において国家の安寧祈願をすることが天皇の国務である。

（d）「天の益人」とは、「天上の神」の子孫が降臨して統治する国土を「天の国」とし、そこに生まれる人々のことである。清らかな国土には増え続ける人々とともに罪穢れが生じてくることになる。

（e）「天つ神」の庇護を受けながら統治をしていてもさまざまな罪が生じるという。神の子孫が人間の世界に降りてきたこの頃は、罪というものもスサノオノミコトの犯した罪などの天上界での罪や地上の人間の世界での罪などが混合している。

（f）「天つ金木」と「天つ菅麻」は、それぞれ祓いの儀式に用いる供え具と払え具である。「天つ金木」とは神聖な堅くて小さい木の意味であり、真榊の上下を切り去り、中間を小さく切ったものを数多く台に載せる。「天つ菅麻」は神聖なスゲを細かく裂いたものであり、手に持って身体の穢れなどを払い清めることに用いる。

（g）「伊褒理」は旧大祓詞では「伊穂理」と表記されていたが、「いぶり」のことであり、ここでは高い山や低い山々にかかった濃い霧や霞のことである。

（h）「佐久那太理」は「真下垂り（まくなたり）」であり、水の流れに勢いのある渓流のことである。

（i）天つ罪…高天原の物語として伝えられている罪

畔放（あはなち）…田の畔を破壊すること

溝埋（みぞうめ）…溝を埋めること

樋放（ひはなち）…木で作った木の通路を破壊すること

頻種（しきまき）…重ねて種を撒くこと

串刺（くしざし）…他の田に棒を挿して横領すること

生剥（いきはぎ）…生きたままの馬を剥ぐこと
逆剥（さかはぎ）…馬の皮を逆に剥ぐこと
屎戸（くそへ）…汚いものを撒き散らすこと

（j）国つ罪…地上の人間の罪
生膚断（いきはだだち）…生きた人の肌に傷をつけること
死膚断（しにはだたち）…死んだ人の肌に傷をつけること
白人（しらひと）…肌の色が白くなる病気（白はたけ）
胡久美（こくみ）…こぶのできること
己が母犯せる罪（おのがははおかせるつみ）…実母を犯すこと
己が子犯せる罪（おのがこおかせるつみ）…実子を犯すこと
母と子と犯せる罪（ははとことおかせるつみ）…女を犯し、その子を犯す
子と母と犯せる罪（ことははとおかせるつみ）…女を犯し、その母を犯す
畜犯せる罪（けものおかせるつみ）…馬、牛、鳥、犬などの獣姦
昆虫の災い（はうむしのわざわい）…毒蛇やムカデに咬まれること
高津神の災い（たかつかみのわざわい）…落雷などの天災
高津鳥の災い（たかつとりのわざわい）…猛禽類による家屋損傷
畜仆し（けものたおし）…相手の家畜を殺すこと
蠱物為る罪（まじものせるつみ）…家畜の屍体で他人を呪うこと

（3）解　釈

日本神話を参考にしながら、①「大祓詞」の構成、②般若心経と大祓詞の類似、③「大祓詞」の役割、④なぜ天照大神は天津神、大国主命は下位の国津神となったのか、⑤神や人間は、どのように生まれたのか、⑥究極の神はいるのか、⑦「大祓」の意義、⑧何のために「大祓詞」を奉じるのか、⑨命の起源、について解釈していきます。

①「大祓詞」の構成

〈起〉天孫降臨

ニニギノミコトが神の国から降臨されたのち、大和を都に定め国を平和に治められていた。

〈承〉罪の発生

国々ではさまざまな罪が生じるようになってくる。

〈転〉大祓

大祓の儀式の方法を述べ、天上から伝わる祝詞を唱えることを教示する。

罪はまるで朝方や夕方に吹く風によって雲や霧が吹き払われるように、雑木が鎌でばっさり切り払われるように、消えていく。
罪穢れは、瀬織津比賣、速開都比賣、氣吹戸主、速佐須良比賣という祓戸四柱の神々が消し去ってくれる。
〈結〉消滅宣誓
罪が消え、この大祓の儀式で罪を祓い清めてくださることを参集した人に、よく拝聴せよ、と宣り聞かせる。

『日本書紀』「天壌無窮《てんじょうむきゅう》の神勅」には「葦原の千五百秋《ちいほあき》の瑞穂の国は、わが子孫が王たるべき地であるから皇孫であるお前が治め、天地が終わるまで、お前の子孫に皇位を伝えてゆけ」と述べたとある。これを受けて天照大御神が孫の「邇邇芸命《ニニギノミコト》」を地上である芦原中国《あしはらのなかつくに》を統治させるため三種の神器とともに日向《ひむか》の高千穂の峰に降り立たせた。

ニニギノミコトが高千穂に降臨後しばらく経ち、3代目の子孫カムヤマトイワレビコは国を治めるために大和地方を目指した。討伐の苦難時には神の支援を得、その地で生じた罪穢れは天上の禊ぎの方法を用いて清められていくなど神々の武威をもって完全平定を宣言し、神武天皇となる。

「大祓詞」は、天孫降臨から大和朝廷が成立するまでの故事を述べることから始まり、そこに生じる人間の罪や穢れが「祓」を行うことでどのように神々が関与して消滅していくかが語られている。大祓の儀式に参集した人々と共に人間の犯した罪穢れが天皇の祖先である天の神々の力によって清められていくことを神々へ感謝するとともに天皇統治の正当性を確認するものである。

②般若心経と大祓詞の類似

／	序	破	急
般若心経	煩悩・囚われの心	完全なる智慧の呪文を唱える。	我執を離れ、一切の苦から解放される。
大祓詞	罪・穢れ	天上の太祝詞を唱える。	清められ、新たな生命エネルギーになる。

般若心経では、人間のもつ煩悩や囚われの心が完全なる智慧（般若波羅密多）の呪文を唱えることにより我執を離れて一切の苦から解放され、涅槃の境地に達する。

神道の大祓詞では、人間の犯した罪や穢れが天上の神の唱える太祝詞を奏上することにより清められ、新たな生命エネルギーになる。

ともに「人間のもつ負の部分が権威ある力によって克服され、幸福になる」という構成になっている。これは大祓詞が般若心経に倣ったものと思われる。

6世紀なかばに仏事にならって神事の外形の整備がすすめられた。寺院をまねて神社がつくられ、仏像・仏画をまねて神像や神の肖像画が作られた。祝詞はもともとその時々の思いを神に述べるものであったが、読経を模倣して定まった形に創作された。（武光、104～106頁）このため大祓詞と般若心経には構成の上で類似がみられる。

③「大祓詞」の役割
――天皇の祖先である「天照大神」が「大国主命」の上位に立つことで天皇を権威づける。

日本神話では、大国主命が天照大神の子孫であるニニギノミコトに地上の支配権を差し出す「国譲り」の物語が中心にある。これは地方豪族が皇室に従ういわれを物語っている。朝廷の全国支配を確立させるために「大国主命」などをまつる地方豪族の祭祀を朝廷の管理下に組み入れようとしたのだ。その一つが「大国主命」の上位に「天照大神」を創作して、日本の神話を整備していったことであった。

王家はもともと大物主神（オオクニヌシの別名）を奉っていたが、6世紀に中央集権化を志向したとき、自分たちと同列のオオクニヌシを奉る地方豪族の上位に立つために、オオクニヌシの上位に太陽神である天照大神がつくられた。（武光、59頁）このとき南方と交易した航海民が持ち込んだ太陽神にまつわる南方系の神話を日本神話に取り込んだ。

「天照大神」信仰の成立とともに神々の世界の「高天原」が構想された。天の神は地の神である地祇よりもはるかに上位とする5世紀末に朝鮮半島から日本に移住してきた渡来人の「天《てん》神地祇《じんちぎ》」という儒教の知識によって、天津神と国津神の区別がつくられた。（武光、98頁）こうして格の高い天津神は天空におり、格の低い国津神は山にいて人々の生活する集落を見下ろすとされるようになった。

④なぜ天照大神は天津神、大国主命は下位の国津神となったのか

『古事記』によると宇宙の誕生後に天之御中主神、高御産巣日神（カムロギノ命）、次に神産巣日神（カムロミノ命）が生まれた。三柱の神が誕生し、その後、男女が対となった神も生まれ、7代続き、この神代七代《かみよななよ》の最後に生まれた伊邪那岐神（イザナキノカミ）と伊邪那美神（イザナミノカミ）が人類の祖先とされる。

国生みを任された伊邪那岐と伊邪那美によって天沼矛《あめのぬのぼこ》で混沌とした世界をかき混ぜ、淤能碁呂島《おのごろじま》が生まれ、そこで麻具波比《まぐわひ》が行われ、大八島国を生む。さらに小さな島々が生まれた。

その後、伊邪那岐の左目から天照大御神、鼻から須佐之男命が生まれ、その須佐之男命の子孫「大国主神」が地上世界を支配することとなる。

イザナギの子には天照大神、月読尊、素戔嗚尊などがおり、それぞれに役割を与えたが、素戔嗚尊は海原を治める仕事に従事しなかったため父神に追放された。このとき高天原の天照大神を訪れたが、そこでも乱暴狼藉を働き、天照大神を怒らして天の岩戸に籠もらしたとして地上に追放された。素戔嗚尊は穢れを清めた後、出雲の国に降り立ち国津神になった。そこで八岐大蛇を倒して救った奇稲田姫を妻に娶り、6世を経た子孫として大国主命が生まれた。このため天照大神は穢れのない清らかな天の神であるが、一方、大国主命は素戔嗚尊の血統をひくので格下とされたのです。

大国主命が天孫降臨に先立って国土をニニギノミコトに譲ったことは大和政権が出雲の上位にあることを象徴しており、天照大神の正統の後継者である天皇は各地でまつられた神を支配する立場にあることを主張し、天照大神をまつる天皇家の祭祀は皇室だけの行事ではなく、全国的な祭祀だとしました。（武光、115〜117頁）このように日本は、皇室の先祖が天津神であるとすることで皇室と国民とが一体となっていったのです。

だが、元々神道における神とは天地の根源にもとづく霊であり、全てのものの内部に霊が宿るとされてきていました。「八百万の神」とよばれるあらゆる神々を奉ることを「出雲的神観念」とすると、その神々の指導者が伊勢神宮の天照大神だとしたのが「大和的神観念」です。（武光、95頁）

《＊参照「スサノオノミコト」の表記例》

日本神話には約2600年の歴史があり、口伝で伝えられてきました。漢字が伝来したのは約1500年前であり、さまざまな漢字が当てられてきた。このため、アマテラス、オオクニヌシノミコトなど多くの神々についても多様な表記と別名がある。

古事記	日本書紀	出雲国風土記
建速須佐之男命	素戔男尊	神須佐能袁命
速須佐之男命	素戔嗚尊	須佐能乎命
須佐能男命	須佐乃袁尊	

⑤神や人間は、どのように生まれたのか？

――神は、混沌から葦の芽のように萌え出た。
人は、大地から草のように萌え出た。

キリスト教では、まず全知全能の唯一神が存在し、その神によって世界が造られていきました。神道の世界観では、天地の区別も明暗の区別も分からない混沌としたなかから葦の芽のように勢いよく萌え出た（種子から芽が出るように出現した）ものが最初の神「可美葦牙彦舅尊

（うましあしかびひこじのみこと）」になった。この他、天御中主尊（あまのみなかぬしのみこと：天の中心となる神）、高皇産霊尊（たかみむすひのみこと）、神皇産霊尊（かみむすひのみこと）が現れ「造化三神」とされている。神は混沌から萌え出たのです。（武光、35頁）

　では、人間はどのように生まれたのでしょうか。神が人間を創造したと語る神話は多い。だが、日本神話では人類創造について触れられていない。『古事記』において人間がはじめて出てくるのは、イザナキが黄泉の国の追っ手を払うために桃を投げた場面である。自分を助けてくれた桃に「同じように青人草《あおひとぐさ》も助けてくれ」と語りかける。この「青人草」は人間のことであり、人間とは草のように萌え出でて生い茂る存在だったのだろう。（かみゆ歴史編集部、65頁）

　人間を草のように捉えることは祓えの詞にも見られる。卜部吉田神道では「三種太祓三種太祓《みくさのおおはらひ》」が『三種太祓之大事』という秘中之極秘伝として伝授されています。これによると「天津祓《あまつはらひ》」は天を祓い天の気を降ろす秘咒であり、「国津祓《くにつはらひ》」は地を祓う神咒であり天の気を下した地上を祓い清める力がある。「蒼生祓《あをひとくさのはらひ》」は地上に住むすべての人々を祓い清める神咒であるとされている。ここでは人間のことを蒼生《あをひとくさ》としており、人間は大地より萌え出る草のように捉えられている。（古川、51～52頁）植物がのびる自然の力が原形となり、天地万物は、それ自体が内包する勢い・力によって「おのずから」次々と成していったものとされる。（『倫理用語集』118頁）

日の本に生まれ出でにし益人らは、神より出でて神になるなり

中西直方、江戸時代の外宮神職（武光、198頁）

日本に生まれた人びとは、神の世界から来て、神の世界へ帰っていく。混沌とした世界から生まれ来て、死後は混沌の世界へ還っていく。生命のないところから萌え出たものが神であり、生き物を生み出すことをつかさどるものが神である。古いかたちの神道では生命力を神格化したものが尊い神とされていた。

⑥究極の神はいるのか

「天つ神」の命を受けて地上に降り立ったイザナギ・イザナミは国を生もうとしたが、最初に生まれた子は手足のない水蛭子であった。二人が「天つ神」にその理由を問うと、天つ神々が占いをして「女神が先に言葉を発したのがよくなかった。もう一度最初からやり直しなさい」と答えたという。だが、天の神々は、この占いで一体誰の意志を問われたのでしょうか。

日本神話で最高神とされる天照大神でさえも決して絶対的な支配者のようには振舞っていない。ものごとを決定するときには天照大神自らが占いをしたり、他の神々と相談したり、また他の神に祈ることとすらしている。では、最高神は一体誰の意志を問われたのでしょうか。日本神話では最高神以上の究極神は存在せず、天つ神の背後にはもう神々はいない。そうであれば

天照大神は神々を生んだ混沌の世界へ向かって祈ったのであろうか。混沌の世界とは、あらゆるものの生成と消滅の根源であり、奥深い神秘の世界であり、この世界へと通じることができるゆえに天照大神は神聖な神であるとして祀られた。（『よくわかる倫理』１１２頁）（『倫理用語集』１１８頁）

⑦「大祓」の意義

「本来の姿を包み隠す」⇓「つつむ身」⇓「罪」
「気が枯れる」⇓「気枯れ」⇓「穢れ」
「気の甦り」⇓「気甦り」⇓「清め」
「張る霊」⇓「生命力でもある霊を張る」⇓「祓い」

人間はこの世に生を受けたときは無垢であるが、現世の世俗の生活の中で知らず知らずのうちにさまざまな罪穢れに染まっていく。嘘をつくこと、人を憎んだり、怒り、妬み、嫉みなど、これらが罪、穢れとなる。

「罪」とは神が生んだ素晴らしい人間本来の姿を包み隠してしまうようなものを「つつみ（包む身）」という。これでは身体中の気力や元気の元である「気」が衰えてくる。「気」は生命のエネルギーそのものであり、「気（霊）」などの生命力が枯れた状態であり、「穢れ」は我々を

生かしている神の尊い「気」を枯らしてしまう「けがれ（気枯れ）」である。（葉室、16頁）

生命力が枯渇する「穢」は死につながるものとして忌み嫌われる。日本人は「清浄」を好み、神道では清らかで若々しい生命力を重んじる。穢れは全て我欲の表れにより生じるために祓う。祓い清めることで枯れた気を甦らせることができる。そして再び清らかな気持ちで活力溢れる生活を再開することができる。

神道は自然万物の根源に宇宙エネルギーを観る。「気」とはエネルギーであり、「清め」はエネルギーの再生である。清めの儀礼により、気の甦りが図れる。「はらひ」とは「張る霊」であり、神々や人の魂であり、生命力でもある「霊」を「張る（はる＝春）」こと、つまり大きくして強めていく、生み出していくという意味がある。（古川、10～12頁）「祓い」とは、魂魄の生命のけがれ（気枯れ）をあがなって清浄となり、新しい生命力を生み出す産霊（むすび）のわざである。

言霊は神や人の魂魄から生まれ、その発する神や人の魂魄が清らかであれば天津祝詞によって自他ともに祓い清められ、新しい生命力が生まれる。

天津祝詞を始めとする祝詞や祓詞を日々奏上することにより、自分の魂魄はもとより、宇宙（高天原）をも祓い清めることができるのが祝詞であり、祝詞奏上（言霊発射）である。（古川、15頁）

古代日本人は万物に神的な気を感じており、気が枯れる（穢れ）と元の気（元気）を取り戻すために、気が甦る（清める）ことをした。大祓詞は個人の祓いだけでなく、社会や天地の一切の罪、咎、穢れが祓われ、祈願が叶うという万能の究極の祝詞とされてきた。（古川、48頁）その根本は罪・穢れからの清め、祓いであり、他の一神教とは違い、教典も「スルナカレ」式の戒めもなく、清く明るい審美感が漂う。

⑧何のために「大祓詞」を奉じるのか

人間の能力を超えるものはすべて「かみ（上・神）」と考えた。ある地方では速く駆けるオオカミが犬神として、空飛ぶ鳥が神の使者とされた。人間だけではなく、雨や風、山、川、巨石、動物も霊魂を持っているとして自然神や人格神などあらゆるものが奉られることにより神になる。

神道は多神教的世界観に立脚しており、教祖の伝道・布教により端を発したのではなく、元来の日本民族が抱き続けてきた信仰生活が時代とともにさまざまな要素、形態を重ねながら風土的・文化的重層性を持って体系化されてきました。神道には教典も法典もなく、教えを述べたり、法で人間を縛ったりしない。神は人間以上の力を持つが、人々を威圧して支配することはない。神も人間も平等な価値を持つ霊魂とされた。

神道の供養神事は死者が極楽に行くことを祈る仏教の供養とは異なります。大祓詞は葬儀や供養の時に死者や祖先の霊を慰めるために奏上するのではありません。自然の恵みに感謝して、自分が住む土地にあつまる多くの霊魂（神）をもてなしてまつるのです。誰もが豊かに暮らせるように良い人間関係をつくるようにつとめる。神道では死者の霊は神となり、子孫を見守り、その繁栄をもたらす「産霊《むすひ》」の行為を助けるとされており、大祓詞を奉じるのは、神となった祖霊に感謝し、自分たちの繁栄を作りだしてもらうためなのです。（武光、198頁、202頁）

大祓詞では、これを奏上することにより、もはや一切の罪穢れが消滅し、穢れを祓い除けることが完結できるとする。このように大祓詞には生命の源である気の再生装置としての機能がある。このため、今後どんな時代、世相になろうとも、個人にどんな穢れが生じても、大祓詞を唱えることによって「穢れ」が祓い除かれ、再びリセットして生きていける。未来にどんな苦難があろうとも、清き心で立ち向かえることができる。

⑨命の起源

『古事記』「神代の巻」によれば、神代において天照大神の孫の邇邇芸命（ニニギノミコト）が高天原という天上界から中津国という地上界に降臨したが、そこは朝日夕日の輝く美しい高千穂の峰であった。邇邇芸命は、そこから麓の海岸へと行ったところで美しい木花開耶姫に出会い、その場で求婚したが、彼女は「私から何とも申し上げられません。父神の大山津見神が申し上げるでしょう」と答えた。その後、父神は木花開耶姫とその姉の磐長姫の二人を邇邇芸命の嫁に差し出した。ところが、イワナガヒメはひどい醜女だったので即刻、親元に送り返し、コノハナノサクヤビメだけ留め、彼女と結婚した。それを知ったオオヤマツミノカミは大きく恥じ入り、ニニギノミコトに呪詛の言葉を送りつけた。

よしや磐長姫は醜かったにしろ、彼女をめとられれば、邇邇芸命（ニニギノミコト）の御寿命は磐のように永久に不変でありましょうものを。木花開耶姫をめとられた以上、命の御寿命は美しいが、木の花のようにもろくなりましょうに。

イワナガヒメには岩のように強固に続く永遠の命を、コノハナノサクヤビメには花のような栄華をそれぞれ願って差し上げたのに、イワナガヒメを返されたことで天つ神のような永遠の命はなくなるというのである。こうして命は限りあるものになり、永遠ではなくなった。だが、それは一方的に与えられたのではなく、選択の結果であり、我欲の現れが寿命を決めてしまったのだ。永久不変な生命を捨ててまで、美しいがやがては滅びるはずの限りある生命を選び取った。石のように永遠であっても冷たい無意味な人生を捨てて限りある短い麗しの人生を選んだということで、日本神話における人間の死は神への反逆に対する懲罰として与えられたものではなく、神との合意によって人間が自ら選んだものであるとされている。（岸根、１９０頁）

このことは「バナナ型神話」と呼ばれ、日本神話も他地域の影響を受けていると思われる。

創造神が空から地上へ石を降ろしたところ、人々は石は食べられないという理由で受けとらず、次に創造神はバナナを降ろし「永久に変質しない石を選んでいたら永遠の命を授けたのに、お前たちはバナナのような命になるだろう」といった。東南アジアを中心に広く見られる神話。（吉田、73頁）

〈参考文献等〉

・太田雅男編『釈迦の本―永遠の覚者・仏陀の秘められた真実』学習研究社、1994年
・学研教育出版編『よくわかる倫理』学研、2013年、112頁
・かみゆ歴史編集部『マンガ　面白いほどよくわかる！古事記』西東社、2018年
・岸根卓郎『宇宙の意思』東洋経済新報社、1993年
・神保郁夫監修『マンガ　神道入門』サンマーク出版、2002年
・武光誠『日本人なら知っておきたい神道』河出書房新社、2004年
・濱井修監修、小寺聡編『倫理用語集』山川出版社、2016年
・葉室頼昭『大祓知恵のことば』春秋社、2016年
・平田篤胤全集刊行会編『新修　平田篤胤全集第七巻』名著出版、1977年
・古川陽明『古神道祝詞　CDブック』太玄社、2016年
・吉田敦彦監修『図解　眠れなくなるほど面白い古事記』日本文芸社、2019年

・寺川眞知夫・同志社女子大学名誉教授「記紀が描く国の始まり　天皇の肖像」産経新聞、２０１９年２月22日
・毛利正守「記紀が描く国の始まり　天皇の肖像」産経新聞、２０１９年2月22日
・読売ＴＶ、そこまで言って委員会ＮＰ「今こそ考える『天皇とは何か？』」２０１９年2月10日放送

〈資料集〉

資料１　**死生観集**

資料２　**死に方からの学び**

資料３　**最期まで輝くために**

[1] 余命わずか！　あなたは何をしたいですか？

[2]「大事なものを手放さないといけない」過程

[3] 最期の整理

資料1　死生観集

温故知新。先人たちの死に対する言葉や態度を学ぶことで自分の生き方や死に向かう態度が得られていきます。ここでは死について、永遠回帰、宇宙創造、祈り、死後の世界、悟り、といった項目を立てて先人たちの思いをたどっていきます。また、アメリカのインディアンの詩も紹介しています。広く多面的な視野で考察を深めてまいりましょう。

また、主に荒木清『心をきたえる東洋のことば365』日東書院（文中、『心』と略記）および西東社編集部編『必ず出会える！人生を変える言葉2000』『毎日がポジティブになる！元気が出る言葉366』から引用させていただいており、これらには珠玉の言葉が満載されているため原著を読まれることをお勧めします。

1　永遠回帰

(1)　円　環

私は本当に再生があるという確信を持っている。死から生命が生まれ、死者の魂が存在していると思っている。

ソクラテス

死は誕生と同様に自然の神秘である。『誕生』は同じ元素の結合、『死』はその元素への分解である。

ローマ皇帝マルクス・アウレーリウス（１２１〜１８０）

（マルクス・アウレーリウス、神谷美恵子訳『自省録』岩波文庫、２００７年、４章５節）

魂は仮の住まいとして人間の身体に宿る。そして出ていくときには他の住まいに移る。魂は不滅だから。

ラフル・ワルドー・エマーソン

我々はこの世限りのものでなく、我々の心の最も深いところのもの、自我の種というか核というか、要するにそれを魂と呼ぶわけですが、それはちょうど布地の表裏をはう糸目のごとく、生と死、この世とあの世とをくり返し生き続けているのです。

本山博（『輪廻と転生の秘密』宗教心理出版、１９９３年）

生はどうしても無限でなくてはならぬ。すなわち直線であってはならぬ。生は円環である、中心のない、或いはどこでもが中心である円環である。

鈴木大拙（『日本的霊性』第二章　日本的霊性の顕現）

鈴木によると、死はその人の終わりではなく、生は生まれる前も死んだ後もあるようであり、生が無限だとすれば直線ではなく、円環をなし、円環は無限にまわるとする。（『心』57頁）

（1870～1966　仏教学者『禅と日本文化』など）（『心』57頁）

(2) 真の自己

我々の真の自己は　宇宙の本体である　真の自己を知れば、ただに人類一般の善と合するばかりでなく、宇宙の本体と融合し　神意と冥合するのである。宗教も道徳も実にここに尽きて居る。

西田幾多郎（『善の研究』第3編・完全なる善行）

（1870～1945　哲学者、京都学派の創始者）（『心』46頁）

西田は、「真の自己」とは宇宙の本体と一致（主客一致）しているから、「真の自己」を知ることが「善」と一致するという。これをキリスト教では「再生」といい、仏教では「見性」という。（『心』46頁）

２　宇宙創造

⑴　アートマン

アートマンは自己（アートマン）を二つに分割した。それから夫と妻とが生じた。アートマンはその妻と交合した。その交合から人類が誕生したのであった。

（『ブリハッドアーラィニヤカ・ウパニシャッド』）（『心』１２４頁）

最初、アートマンは男でも女でもなく、未分の一者であった。淋しさから、第二のものを望んで自らを男と女とした。この両者から人類が生まれた。古代インド人の智慧として、互いの存在のためには、相手の存在の重要性を深く認めていた。（『心』１２４頁）

日本では、『古事記』で「しからば吾と汝とこの天の御柱と行き廻りあひて、みとのまぐわひせむ」と交合している。（『心』１２４頁）

あたかも蜘蛛が、はきだす糸によって現れでるように、あたかも微細な火花が、火から発散するように、一切の生活機能も、一切の世界、一切の神々、一切の存在がこのアートマンから現れ出てくる。

（『ブリハッドアーラィニヤカ・ウパニシャッド』）（『心』１３１頁）

この世のあらゆるもの、万有が、神々さえも「アートマン」から発生しているという。「アートマン」とは、智慧我、つまり心とみてよい。(『心』131頁)

アートマンによっていっさいの生き物の中にアートマンを見る者は、いっさいと等しくなり、最高の境地であるブラウマンに到達する。

(『マヌ法典』12―125)(『心』136頁)

すべての生き物の中にアートマンを見出す者は、すべての生き物と等しい者となる。一枚の葉っぱを大切に思い、共感できる存在となる。すべての生き物の中にアートマンを見ていることになり、アートマンを通して万物と共感できるとき、その人の自我は消えている。こうして、最高の境地ブラウマンに到達できるという。(『心』136頁)

(2) ダルマ

全世界はダルマによって包摂されている。ダルマよりも行いがたいものは存在しない。それゆえに、人はダルマを喜ぶ。

(『マハラーナーヤナ・ウパニシャッド』)(『心』282頁)

万物の根底にはダルマ、つまり「法」がある。そのダルマを行うことは難しい。だから人びとはダルマを行う人を尊敬し、敬うのだ。ダルマは、行為の規範となるもので、老子でいえば「道」であり、ギリシャ哲学の「ロゴス」に近いものか。（『心』282頁）

3　祈り

(1) アッラー

讃えあれ、アッラー、万世の主、慈悲深く慈愛あまねき御神。
審きの日の主宰者。
汝をこそわれらはあがめまつる、汝にこそ救いを求めまつる。
（『コーラン』1章・開扉）（『心』37頁）

この祈りの言葉はイスラム教の教典「コーラン」の最初の言葉であり、アッラーは慈悲の神として登場する。

(2) 神

神とはこの宇宙の根本をいうのである。上に述べたように、余は神を宇宙の外に超越せる造物者とは見ずして、直に、この実在の根底と考えるのである。

西田幾多郎（『善の研究』第4編・神）

（1870〜1945　哲学者、京都学派の創始者）（『心』87頁）

西田は、神は宇宙の外にあって宇宙を創造したりする宇宙外存在という抽象的存在ではなく、この宇宙、地上に生きるすべての実在の根底が「神」であるとする。「宇宙は神の表現」であり、この世のすべてのものの裡には絶対的なものが宿っている、とする。（『心』87頁）

4　死後の世界

（1）仏の世界

ああ、善い人よ。これらの仏の世界（仏国土）は、何か特別なものとして別に存在しているのではない。これらの仏の世界は、汝自身の心臓の四方と中央との、あわせて五方向に存在しているものなのである。汝の心臓の中から今、外に出て、汝の目の前に現れているものなのである。

（『チベットの死者の書』第1巻）（『心』168頁）

死後、現れてくる世界は、じつは、あなた自身の心の中にあるものだという。

⑵ アッラー

人が死ぬとき、その魂はみなアッラーのみもとへ召されていく。まだ死なぬ場合も眠っている間も。死の宣告を受けた魂はそのまま引き止め、その他のものは、定めの時まで還しておやりになる。さ、これこそれっきとした神兆ではないか。物事をよく反省する人の眼から見れば。

（『コーラン』第39章・群れなす人びと）（『心』２７３頁）

コーランの死生観では、死後はアッラーの元へ還るという。眠りも一時的にアッラーのもとに還っているのであり、定刻（朝）になると覚醒へと還してくれるという。（『心』２７３頁）

５　悟り

⑴ 覚悟

散りぬべき　とき知りてこそ　世の中の　花も花なれ　人も人なれ

細川ガルシア（明智光秀の娘）

毎朝毎夕、改めては死に、改めては死に、

常住死身になりて居る時は、武道に自由を得
一生越度なく、家職を仕果たすべきなり

山本常朝（江戸時代の武士『葉隠』）

（「毎日の朝夕、改めては死に、いつも死身になって勤めれば武道にも自由を得て、生涯落ち度もなく仕事をやりとげることができる」）（『必ず』１０１頁）

死して不朽の見込みあらば
いつでも死ぬべし
生きて大業の見込みあらば
いつでも生くべし

吉田松陰（幕末の思想家　高杉晋作への手紙）

17、18の死が惜しければ、30の死も惜しい。80、90、１００になってもこれで足りたということはない。半年という虫たちの命が短いとは思わないし、松や柏のように数百年の命が長いとも思わない。天地の悠久に比べれば、松柏も一時蠅（ハエのような存在）なり。

吉田松陰（維新の思想家　品川弥二郎への手紙より）

我、事において後悔をせず

宮本武蔵（剣豪『独行道』）

生じるは独り、死するも独り、共に住するといえど独り、さすれば、共にはつるなき故なり

一遍上人（時宗の開祖　1239・3・21〜1289・9・9）

地下百尺底《てい》の心をもって事にあたる

河井継之助（幕末の武士　1827・1・27〜1868・10・1）

明日死ぬかのように生きよ。永遠に生きるかのように学べ。

マハトマ・ガンディー（インド、政治指導者　1869・10・2〜1948・1・30）

明日死ぬとしたら、生き方が変わるのか？
あなたの今の生き方は、どれくらい生きるつもりの生き方なのか。

チェ・ゲバラ（アルゼンチン、政治家、革命家　1928・6・14〜1967・10・9）

人生は美しいことだけを覚えておればいい。苦しいことの中に美しさを見つけられれば

もっといい。「……ああ面白かった」、死ぬ時、そういって死ねれば更にいい。

佐藤愛子（『ああ面白かったと言って死にたい』海竜社、２０１２年、43頁）

（2）死と生

正しく強く生きるとは
銀河系を自らの中に意識して
これに応じて行くことである。

宮沢賢治（童話作家『農民芸術概論綱要』）

何千年何万年という悠久な日月の流れの中に人間一生の七十年や八十年は、まるで一瞬でしかない。たとえ二十歳を出ずに死んでも、人類の上に悠久な光を持った生命こそ、ほんとの長命というものであろう。

吉川英治（作家『宮本武蔵』講談社）

今日という日は
残りの人生の最初の一日。

アラン・ポール（アメリカの脚本家　『アメリカン・ビューティー』）

一粒の麦は、地に落ちて死ななければ、
一粒のままである。
だが、死ねば、多くの実を結ぶ。

（新約聖書『新約聖書マタイ福音書』）

死はそれほど恐れることではない。むしろ不十分な生き方を恐れなさい。

ベルトルト・ブレヒト（ドイツ、劇作家、詩人　１８９８・２・10〜１９５６・８・14）

人間が生きることには、つねに、どんな状況でも、意味がある、この存在することの無限の意味は苦しむことと死ぬことを、苦と死をもふくむのだ。

ヴィクトール・E・フランクル（オーストリア、精神科医、心理学者　１９０５・３・26〜１９９７・９・２、ヴィクトール・E・フランクル著、霜山徳爾訳『夜と霧　新版』みすず書房、１８９５年）

私は死ぬ前にたった一人で好いから、他を信用して死にたいと思っている。あなたはそのたった一人になれますか。なってくれますか。あなたは腹の底から真面目ですか。

夏目漱石（小説家　1867・2・9～1916・12・9『こころ』新潮社、1952年）

よく聞け、金を残して死ぬ者は下だ。
仕事を残して死ぬ者は中だ。
人を残して死ぬ者は上だ。
よく覚えておけ。

後藤新平（官僚、政治家　1857・7・24～1929・4・13）

(3) 受容

はだかにて　生まれてきたに　何不足

小林一茶（江戸期の俳人）

世の中は
起きて稼いで寝て食って
後は死ぬのを待つばかりなり

一休宗純（臨済宗の僧　１３９４・２・１～１４８１・12・12）

我死なば　焼くなうめるな　野に捨てて　飢ゑたる犬の　腹をこやせよ

歌川（安藤）広重（浮世絵師　１７９７?～１８５８・10・12）

この世に客に来たと思えば何の苦もなし、
朝夕の食事はうまからずとも
ほめて食うべし
元来客の身なれば、
好き嫌いは申されまじ。

伊達政宗（戦国の武将　『伊達政宗五常訓』）

余は今迄禅宗の所謂悟りといふ事を誤解して居た。悟りといふ事は如何なる場合にも平気で死ぬる事かと思っていたのは間違いで、悟りという事は如何なる場合にも平気で生きて居ることであった。

正岡子規（俳人、歌人　『病床六尺』）

願わくば花の下にて春死なん、その如月の望月のころ
西行法師

命長ければ辱おおし。長くとも四十《よそじ》に足らぬほどにて死なんこそ、めやすかるべけれ。
吉田兼好（『徒然草』１３３１年、第７段）

お前はお前で丁度よい
顔も体も名前も性も
お前はそれは丁度よい
貧も食も親も子も
息子の嫁もその孫も
それはお前に丁度よい
幸も不幸も喜びも
悲しみさえも丁度よい
歩いたお前の人生は
悪くもなければ良くもない
お前にとって丁度よい
地獄へいこうと極楽へいこうと

いったところが丁度よい
うぬぼれる要もなく
卑下する要もなく
上もなければ下もない
死ぬ日月さえも丁度よい
仏様と二人連れの人生
丁度よくないはずがない
丁度よいのだと聞こえた時
情念の信が生まれます
南無阿弥陀仏

良寛（江戸時代の曹洞宗の僧「丁度いい」）

災難にあふ時節には災難にあふがよく候。死ぬる時節には死ぬがよく候。これ災難をのがるる妙法なり

良寛

土の上に生まれ、
土の生むものを食うて生き、

而して死んで土になる。

徳富蘆花（作家　『みみずのたはごと』）

人生の99％が不幸だとしても、最期の１％が幸せならば、その人の人生は幸せなものに変わる。

沖守弘（『マザー・テレサ　愛はかぎりなく』小学館、１９９７年）
（マザー・テレサ：マケドニア、カトリック教会・修道女　１９１０・８・26〜１９９７・９・５）

諸君、あらゆるものは燃えている。何によって燃えているのか？貪欲、怒り、愚かしさなどの煩悩によって燃えているのだ。あらゆるものを空しいと感ずれば、我々は貪欲を離れることが出来る。そして輪廻の拘束から抜け出ることができるのである。

ブッダ

弟子たちよ、私の終わりは既に近い。別離も遠いことではない。しかし、いたずらに悲しんではならない。世は無常であり、生まれて死なない者はない。いま、私の身体が朽ちた車のように壊れるのも、この無常の道理を身をもって示しているにすぎない。

弟子たちよ、今は私の最後のときである。しかし、この死は肉体の死であることを忘れてはならない。肉体は父母より生まれ、食によって保たれるものであるから、病み、傷つき、壊れることは止むをえない。佛は肉体ではない。悟りそのものである。肉体はここに滅びても、悟りは永遠に法として生きている。だから、私の肉体を見る者が私を見るのではなく、私の教えを知る者こそ、私を見る者である。

ブッダ

6 「今日は死ぬのにもってこいの日」

わたしの部族の人々は、一人の中の大勢だ。
たくさんの声が彼らの中にある。
様々な存在となって、彼らは数多くの生を生きてきた。
熊だったかもしれない、ライオンだったかもしれない、鷲、それとも
岩、川、木でさえあったかもしれない。
誰にもわからない。
とにかくこれらの存在が、彼らの中に住んでいるのだ。
彼らは、こうした存在を好きなときに使える。
木になってると、とても気持ちのいい日々がある、
あらゆる方角が、一度に見渡せるからだ。
岩になっているほうがいいような日々もある、

目を閉ざして、何にも見ずに。
日によっては、できることはただ一つ
それはライオンのように猛烈に戦うこと。
それからまた、鷲になるのも悪くない理由がある。
ここでの人生があまりにつらくなったとき
鷲となって天空を飛翔して
いかに地球がちっぽけかを
上から見ることができるからだ。
すると彼らは大笑いして、巣にまた戻ってくる。

もしもおまえが
枯れ葉ってなんの役にたつの？　ときいたら
わたしは答えるだろう、
枯れ葉や病んだ土を肥やすんだと。
おまえはきく、冬はなぜ必要なの？
すると私は答えるだろう、
新葉を生み出すためさと。

おまえはきく、葉っぱはなんであんなに緑なの？　と
そこでわたしは答える、
なぜって、やつらは命の力にあふれているからだ。
おまえがまたきく、夏が終わらなきゃならないわけは？　と
わたしは答える。
葉っぱどもがみな死んでいけるようにさ。

今日は死ぬのにもってこいの日だ。
生きているものすべてが、わたしと呼吸を合わせている。
すべての声が、わたしの中で合唱している。
すべての美が、わたしの目の中で休もうとしてやって来た。
あらゆる悪い考えは、わたしから立ち去っていった。
今日は死ぬのにもってこいの日だ。
わたしの土地は、わたしを静かに取り巻いている。
わたしの畑は、もう耕されることはない。
わたしの家は、笑い声に満ちている。
子どもたちは、うちに帰ってきた。

そう、今日は死ぬのにもってこいの日だ。

長い間、わたしは君とともに生きてきた。
そして今、わたしたちは別々に行かなければならない。
一緒になるために。
恐らくわたしは風になって　君の静かな水面を曇らせるだろう、
君が自分の顔を、あまりしげしげと見ないように。
恐らくわたしは星になって　君の危なっかしい翼を導いてあげるだろう、
夜でも方角がわかるように。
恐らくわたしは火になって　君の思考をえり分けてあげるだろう、
君が諦めることのないように。
恐らくわたしは雨になって　大地の蓋をあけるだろう、
君の種が落ちてゆけるように。
恐らくわたしは雪になって　君の花弁を眠らせるだろう、
春になって、花開くことができるように。
恐らくわたしは小川となって　岩の上で歌を奏でるだろう、
君独りにさせないために。

恐らくわたしは新しい山になるだろう、
君にいつでも帰る家があるように。

これはアメリカ、タオス・プエブロのインディアンの古老の詩歌集である。「万物との共生」や「生命の根源への回帰」といった「輪廻転生思想的言辞」「究極の理解」(all understanding)の観念は、仏教的な悟りに似ている。招魂再生の生命の連続性に安堵を覚える。

〈引用文献〉

・上村勝彦「ブッダの生涯」『現代思想』青土社、1977年、270頁
・荒木清『心をきたえる　東洋のことば365』日東書院、2007年
・西東社編集部『毎日がポジティブになる!元気が出る言葉366日』西東社、2016年
・西東社編集部『必ず出会える!人生を変える言葉2000』西東社、2017年
・ナンシー・ウッド著、金関寿夫訳『今日は死ぬのにもってこいの日』めるくまーる、1995年
・花山勝友「釈尊の死の考え方」『死とは何か』大法輪選書、1991年、60頁

資料2　死に方からの学び

人は必ず死ぬ。どんな権力者も宗教家も必ず死ぬ。人は死に臨むとき、その者の生きてきた生き様が問われる。誰もが幸せな逝き方をしたわけではない。むしろ、こんな死に方をするとは思っていなかったという人も多かろう。では、自分はどんな死に方になるのだろうか。安楽死でない限り、いつ・どのように死ぬのか、死に方は選べない。生きている者にとっては常に今が余生であり、「ありがとう」と言って死ねることが善逝であるならば、いつ訪れるかも知れない自分の死について思いを馳せておくことは重要である。

いかに余生を生きるかを古今東西の他者の死から学びを得ることができる。山田風太郎『人間臨終図巻（上巻）』、サイモン・クリッチリー著、杉本隆久・國領桂樹訳『哲学者190人の死にかた』にはさまざまな人たちの死に様が記されている。ここではその中から数例を引用して紹介するが、割愛している部分も多々あるため、詳細については原著を読まれることをお勧めします。

〈17歳の死〉

◇天草四郎（1621〜1638）

寛永14年の秋に、虐政によって勃発した島原の乱の百姓一揆は、幕府軍12万4千をもってしても、一揆軍の立てこもった原城を陥《おとしい》れるのに足かけ5ヵ月を要し、老中松平伊豆守信綱《いずのかみのぶつな》みずから出動するほどの大乱となったが、痩せ衰えた百姓軍がこれほど驚くべき抵抗を示した原動力の一つは、切支丹《キリシタン》信仰と、その首領であり、シンボルである天草四郎時貞という少年への信仰のゆえであった。

しかしその原城もついに翌寛永15年2月28日に陥落し、城兵は文字通り全滅した。四郎はすでに手を負って死んでいたのを、細川家の侍、陣佐左衛門《じんさざえもん》という侍が首をとったといわれる。四郎の母、教名マルタは前から幕府方に捕らえられていたが、このとき城から運ばれてきた四郎と同じ年ごろの少年の首をいくつか見せられても、「四郎は天から遣わされた子です。どうして首をとられることがありましょう。きっと天に昇ってしまったか、南蛮《なんばん》にのがれていったに相違ございません」と首をふっていたが、佐左衛門の持ってきた首を見ると、「やれ、こんなに痩せてしまったか、可哀や、さぞ苦労したことであろう」と、その首を抱きしめて泣いた。それではじめて天草四郎の死が確認されたといわれる。

彼の首は長崎へ送られ、さらし首になった。

幕府が一揆方の記録をすべて抹殺したために、天草四郎の名は伝説の世界の妖星のような印象を残したが、彼が実在してこれほどの大乱の中心人物であったことは事実である。（『臨終図巻』3頁）

〈32歳の死〉

◇キリスト（前4頃～28　推定）

イエス誕生の年を西暦元年としたということになっているのだが、実際にキリストが生まれたのは紀元前4年という。死んだ年も西暦30年という説もある。あいまいなること日本の「紀元節」と五十歩百歩である。

とにかく、エルサレムでパリサイ党や祭司階級の宗教を批判し、ユダに密告されて捕らえられ、4月7日昼過ぎ、ゴルゴダの丘の上で、十字架にかけられ、午後3時ごろ死んだ。

「昼の12時より地の上のあまねく暗くなって3時に及ぶ。3時ごろイエスが大声に叫びて、『エリ、エリ、レマ、サバクタニ』と言い給えり。わが神、わが神、なんぞ我を見棄て給いし、との意《こころ》なり（中略）イエス再び大声に呼《よば》わりて息絶え給う」（『マタイ伝』）

この人物の「臨終」については、「異教徒」にとってまことに書くことが難しい。（『臨終図巻』52頁）

〈33歳の死〉

◇アレキサンダー大王（前３５６～前３２３）

このヨーロッパのアジア侵略の開祖は、アラビア遠征の準備中、バビロンで熱病にかかり、10日間苦しんだのち、前３２３年6月13日の夕刻に死んだ。

死ぬ前に将軍たちが、帝国はだれにゆずるべきか、と尋ねたら、アレキサンダーは答えた。

「最もそれに値する者に」

アレキサンダー大王にしては、何だかつまらない遺言である。

死の２日前、すでに大王死すという風評が伝わって兵士たちが騒いだので、病室の扉をあけ、兵士たちに武器を捨てさせて下着のまま、一人ずつ枕頭《ちんとう》を通過させて、彼がまだ生きていることを見せた。（『臨終図巻』55～56頁）

〈38歳の死〉

◇マリー・アントアネット（１７５５～１７９３）

オーストリアの女帝マリア・テレサの娘として15歳のとき、フランスのルイ16世の妃となり、やがて皇后となったおてんば娘マリー・アントアネットは、フランス革命が起こると、生来の天真爛漫な言動が、かえって民衆の憎しみの標的となった。

飢えている民衆があるということを聞いて、「パンがなければお菓子を食べればいいのに」といったような風評が伝えられたのはその好例である。悪意はないにしろ、彼女はたしかに誤解を受けるような軽佻《けいちょう》な性格の持主であり、かつ遊び好きのぜいたくやであった。

しかるに革命勃発後の１７９１年、オーストリアに逃れようとして捕らえられ、１７９３年夫ルイ16世が処刑され、自分もまた断頭台の運命が近づくや、彼女はマリア・テレサの娘にふさわしい剛毅な態度を発揮しはじめた。

１７９３年10月16日、革命広場（いまのコンコルド広場）の刑場へ向かう馬車の上で、悪罵する群衆を、彼女は冷然と見下ろしていた。

彼女はその前の70日間のコンシェルジュリイ幽囚の間に、まだ38歳であったのに、髪は真っ白になり、子宮出血症のために悩まされて、さながら老婆のように変わっていた。

断頭台に上るとき、偶然処刑人サンソンの足を踏み、サンソンが「痛い」とさけぶと、彼女はふりむいて、「ごめんあそばせ、ムッシュウ、わざとしたわけじゃありません」といった。

シュテファン・ツヴァイクは書く。

「……王者はすべての助けをしりぞけながらも、断頭台の木の階段を上っていく。かつてヴェルサイユの大理石の階段を上った時とまったく同じに軽やかに弾みをつけて、黒繻子《じゅす》のハイヒールの靴で、最後の階段を上ってゆく。いとわしい群衆の頭上はるかに、今日彼女の前なる大空にうつろな一瞥《いちべつ》を与えるばかりである。……何人も死にゆく人の最後の思いを知らない。刑吏たちは彼女をうしろざまにつかんで、首を刃の下に、身体を板の上にさっと投げる。縄をひく。閃光一閃《せんこういっせん》、刃は落下し、にぶい音をたてる。すでにサンソンは血のしたたる首の髪の毛をひきつかんで、広場の上に高々とさしあげる」（高橋禎二、秋山英夫訳）（『臨終図巻』93〜94頁）

〈39歳の死〉

◇**ブレーズ・パスカル**（1623～1662）

死後に出版された『パンセ』の中で、パスカルは以下のように書いている。

ここに幾人かの人が鎖につながれているのを想像しよう。みな死刑を宣告されている。そのなかの何人かが毎日他の人たちの眼の前で殺されていく。残った者は、自分たちの運命もその仲間たちと同じであることを悟り、悲しみと絶望とのうちに互いに顔を見合わせながら、自分の番がくるのを待っている。これが人間の状態を描いた図なのである。

（略）パスカルは彼の最初の数学の論文を16歳のときに書いた。この2、3年後、彼は徴税官をしていた父を助けるために、最初の計算機を発明した。また、彼は真空の本性に関する実験的な研究と理論的な研究の最先端にいた。この真空の研究は、当時の偉人たちを夢中にさせたトピックでもあった。死の直前に、彼は多くの座席を備えた大きな馬車を発明したが、それはパリを横切って乗客を運ぶ世界初の路線バスであることが証明されている。そして彼の死後、その栄光を表して、コンピュータ・プログラミング言語に彼の名がつけられている。（略）

不健康な生涯を送ったパスカルは、腸の壊疽と脳血栓を患った後、39歳の若さでこの世を去った。（『哲学者190人の死にかた』189～191頁）

パスカルは考える葦のように心やさしく、身体が弱かった。（略）かつて『パンセ』で「それまでの場面がどんなに美しくても、最後の幕は血にまみれている。最後に、頭上からばらばらと土をかけられて、それで永遠におさらばとなる」と書いたパスカルだが――。それでも

「聖体拝受」のために主任司祭がやって来たとき、彼はさけんだ。

　願わくば、神、永遠にわれを見捨て給わざらんことを！

それから24時間にわたって、一瞬もやまない痙攣の苦痛にさいなまれたのち、8月19日午前1時に息をひきとった。（『臨終図巻』102頁）

〈48歳の死〉

◇聖徳太子（574～622）

推古29年12月に、太子の母が死に、翌推古30年正月、太子も病み、さらにその看病にあたっていた膳姫《かしわでひめ》も病んで、2月11日その妃の方が先に死に、翌22日に太子も歿した。この相つぐ死は何か急性の伝染病によるものと思われるが、たしかなことは不明である。

　不明といえば、太子の行蹟そのものすべて伝説の煙につつまれていて、例の「十七条の憲法」や「日出づるところの天子」云々の国書をはじめ不確かなことが多い。紙幣の肖像もあてにならないといわれる。しかし、当時一世から讃仰《さんぎょう》された賢明な太子であったことはまちがいないらしい。

　しかし、それにもかかわらず、太子の死から21年後、その子山背大兄王《やましろのおおえのおう》とその一族は、蘇我《そがの》入鹿《いるか》のためにみな殺しの悲運に逢った。さらに2年後、その入鹿も、中大兄皇子《なかのおおえのおうじ》とその懐刀《ふところがたな》中臣鎌子《なかとみのむらじかまこ》すなわちのちの藤原鎌足《ふじわらかまたり》のクーデターによって倒されるのだが、入鹿による山背大兄王の死そのものも鎌足の陰謀であって、法隆寺は、その陰謀のために滅んだ聖徳太子及びその一族の怨霊のたたりを鎮めるために、藤原氏によって再建された、というのが梅原猛氏の『隠された十字架』の見解であるが。……（『臨終図巻』189頁）

〈49歳の死〉

◇秦の始皇帝（前259～前210）

はじめて中国を統一し、万里の長城を築き、阿房宮《あぼうきゅう》を作り、焚書坑儒《ふんしょこうじゅ》という独裁者の先例を生んだ始皇帝は、一方で徐市《じょふつ》という道士に不老不死の薬を求めて船出させたが、老いと死はついにふせげなかった。いや、老いの来る前に死の運命を迎えねばならなかった。

皇帝の位にあること10年、揚子江沿いの南支一帯を巡遊し、都の咸陽《かんよう》へ帰る途中、山東の平原津で死病にかかった。コレラのような急激な時疫《じえき》ではなかったかといわれる。

史記に、「始皇は、死を言うを悪《にく》んだので群臣あえて死のことを言うものなし」とある。

始皇帝はなお病をおして旅をつづけたが、7月、沙丘の平台で歿した。

天下大乱を怖れた帷幄の臣は、その喪を伏せ、轀輬車《おんりょう》と名づける一種の箱馬車に遺骸をのせ、奏事、食事、生けるものに対するようにして旅をつづけたが、九原あたりから屍体の悪臭甚だしく、車に1石の干魚をつんでその匂いをごまかして、やっと咸陽に帰還した。

その埋葬に際しては、彼の愛妾にして子なき者はことごとく墳墓に生き埋めにされ、この秘事を知っている工匠たちもまた生き埋めにされた。

始皇帝の死後４年にして、秦は滅んだ。

近年に至り、始皇帝陵をめぐっておびただしい兵馬俑《よう》が発掘され、その数と精巧さは人々を驚倒させた。（『臨終図巻』１９８頁）

〈56歳の死〉

◇ヒトラー（１８８９～１９４５）
１９４５年４月27日、ベルリンはソ連軍に完全包囲された。

28日、遠雷のような市街戦の音がひびいて来る総統官邸地下壕で、ヒトラーは愛人エヴァ・ブラウンと結婚式をあげた。そして、部下のゲッペルスとボルマンにいった。

「妻と私は降伏の恥辱を避けるために死を選ぶ」

29日、彼は盟友ムソリーニがパルチザンにつかまり、処刑され、逆さ吊りになったというニュースを聞いた。

４月30日、ヒトラーは昼食に軽いソースをかけたスパゲティをとった。

午後３時30分、ヒトラーはワルサー拳銃をとって自室にはいっていった。そこには、その直前毒をのんだ「妻」のエヴァ・ブラウンが、すでに長椅子の肘によりかかるようにして、横になっていた。

ヒトラーはテーブルに向かった椅子に坐り、銃口を口にあててひきがねをひいた。身体は前のめりになり、そのときテーブルの花瓶が倒れて、飛び散った水がエヴァの屍体をぬらした。

側近のオットー・ギュンシェ大佐はいう。

「ボルマンが真っ先にはいってゆきました。それから私は執事のリンゲのあとからはいりました。ヒトラーは椅子に坐っていました。エヴァは寝椅子に横たわっていました。彼女は靴をぬぎ、それを寝椅子の端にキチンと揃えていました。ヒトラーの顔は血に覆われていました。エヴァは白い襟と袖口のついた青いドレスを着ていました。彼女の眼は大きく見ひらかれていました。青酸物の強い匂いがしました」

しばらくして、二人の屍体は毛布につつまれ、掩蔽壕《えんぺいごう》の入口の前の窪地《くぼち》に置かれ、自動車からぬきとったガソリンがそそがれた。この間にもソ連軍の砲弾はあちこち落下して、処理人たちは何度も避難しなければならなかった。しかし、この屍体に火はつけられた。

ベルリンの大火の前ではくらべものにならないほど小さな炎でしかなかったが、何物にも劣らないほどの怖ろしい眺めであった。ヒトラーの運転手ケンプはいう。「それはベーコンの焼けているような匂いでした」

東条英機がいなくても太平洋戦争は起こったろう。しかしヒトラーという存在がなかったら、太平洋戦争は起こらなかったにちがいない。これほど全日本人の運命に――子々孫々にわたって――激甚な影響を与えた異国人はほかにない。いや、日本人にもいない。（『臨終図巻』２９１

〜292頁）

〈60歳の死〉

◇**ジンギスカン**（1167〜1227）

1226年秋、ジンギスカンは西夏《せいか》国を征服するために軍を発したが、翌年甘粛《かんしゅく》省清水《せいすい》県で狩猟中落馬し、そのときの負傷が悪化して陣歿した。1227年8月18日という。遺骸は蒙古本土に運ばれた。

彼はかつて蒙古のオノン河畔のブルハン山中に狩りをして、うっそうと茂る大樹の下で休んだとき、「われ死せばこの樹の下に埋めよ」と遺言したので、その地に葬られたが、元来蒙古族は遊牧民として墓は作らないので、まもなく彼の埋葬場所もわからなくなってしまったという。（略）（『臨終図巻』336〜337頁）

◇**日蓮**（1222〜1282）

文永11年蒙古襲来の年（ジンギスカンの死後47年目）から日蓮は甲州身延山にはいり、以来7年目の弘安4年夏、ふたたび蒙古襲来した年もまだ身延にいたが、このころから身体の不調をおぼえはじめた。

その年の12月の手紙に、春ごろからやせ病が起こり、秋が過ぎ冬になるにつれて日一日と衰弱をまし、この十余日は食事もとまり、身体は石のごとく胸は氷のように冷たい、と訴えている。

下痢が慢性になっていたというから、消化器系の潰瘍かガンではなかったかと思われる。

翌年の9月、ついに見延山の寒気を避けて、常陸《ひたち》へ湯治にゆくべく、8日下山し、18日武蔵国荏原《えばら》郡池上にある弟子、池上右衛門の家に泊まり、ここでふたたび起きつ能わざることを覚悟した。

そして、10月13日午前8時ごろ、枕頭につめかけた弟子たちとともに法華経を読誦《どくじゅ》しながら、入寂《にゅうじゃく》した。

「竜《たつ》ノ口法難」をはじめ、いくたびも襲う迫害に嵐の中に南無妙法蓮華経を雄叫《おたけ》びつづけた戦闘的な彼にしては、意外に静かな死であった。（『臨終図巻』３３７頁）

〈61歳の死〉

◇マホメット（５７１頃～６３２）

40歳でアッラーの神の最初の啓示に接したといわれるマホメット（ムハンマッド）は、以後片手にコーラン、片手に剣をふりかざしてイスラム教を流布し、アラビア半島をはじめて統一し、６３２年メッカへの最後の巡礼を終えてからサウジアラビアのメディナの回教寺院で病床についた。

彼は苦痛のため病床をころげまわった。妻の一人アイーシャ（マホメットには12人の妻があった）は、お護りの呪文をとなえながら、彼の顔に唾を吐きかけ、彼の身体に革袋の水をそそぎかけ、彼をたしなめた。「もし私たちがそんなにあばれたら、あなたはひどくお叱りになるでしょうに」

死の日、マホメットは寺院の中庭に面する帳《とばり》をかかげさせて立った。その顔色は羊皮紙のようであったが、信者たちは彼がよくなりつつあるものと信じた。

しかし、ふたたびベッドに戻ると、最後の苦悶がはじまった。彼は突然起きあがって、手をあげて、

「アッラーよ、然り、最も崇高な友とともに……」

といったが、そこでアイーシャの肩にもたれて息絶えた。病名不詳。

20世紀後半に至り、コーラン、剣に石油が加わることにより、イスラムは世界を震撼させた。

（『臨終図巻』360～361頁）

◇**藤原道長**（966～1027）

「この世をばわが世と思ふ望月のかけたることのなしと思へば」と詠んだ52歳のころから、しかし道長はひどい糖尿病にかかっていたが、やがて年とともに昂進し、ついには、おそらく同病による視力障害を起し、最後には背中に乳房ほどの癰《よう》が出来た。医師が針を刺して膿を

出すと彼は悲鳴をあげ、２日目の万寿４年12月４日午前10時ごろ死んだ。『栄華物語』にいう。「されどお胸より上はまだ同じように温かにおわします。……夜半過ぎてぞ冷えはてさせ給いける」

癰とは化膿菌による皮膚ないし皮下組織の化膿性炎症だが、化学療法や外科手術の未開な昔には、意外にこれで死に至る人間が多かった。糖尿病患者がかかり易く、かつ悪性のものになり易いが、道長などはその典型的症例であったといえる。（『臨終図巻』３６２頁）

〈62歳の死〉

◇玄奘三蔵（６０２～６６４）

唐の貞観《じょうがん》３年（６２９年）の秋８月、遠くインドへ仏教の原典を求めて長安を出発した27歳の青年僧玄奘は、いわゆるシルクロードを通って、翌年の冬ようやくインドにはいり、巡礼、修行の日々を過ごすこと12年（この間にアラビアではマホメットが死ぬ）、貞観15年帰国の途につき、また４年の歳月をついやして貞観19年１月９日に長安に帰った。ときに彼は43歳になっていた。この「大冒険旅行」が後年小説『西遊記』のネタとなる。

以来彼は、インドから持ち帰ったおびただしい仏典の翻訳に生涯をついやした。

その晩年は、怖るべき則天武后の時代となっていたが、武后は玄奘を信寵し、玄奘も武后のために加持祈祷《かじきとう》など行った。孫悟空がいたらどうしたろう。

彼は若いときの刻苦の旅のせいか、呼吸器の持病があった。老年にはいるとこれが高じたが、竜朔元年（661年）には、インドから持ち帰った仏典はすべて翻訳し終わった。

麟徳元年（664年）1月8日、弟子の一人が、昨夜高い塔が崩れるという不吉な夢を見たことをしゃべると、玄奘は、それはお前の身の上のことではない、私が世を去る前兆だ、といった。

その日の夕刻、彼の住む玉華寺の後庭の溝を越えようとして転び、13日から床につき昏睡するようになった。

2月4日の夜半から、彼は右を下にし、右手であごをささえ、左手を胸においた姿勢のまま動かなかったが、5日の夜半、愛弟子が「和尚さま、和尚さまは来世はきっと弥勒菩薩《みろくぼさつ》のもとにお生まれになるでしょう」というと、「生まれよう」と答えた。それから呼吸がかすかになり、やがて眠るように息をひきとった。

そのころ唐は新羅《しらぎ》を助けて百済《くだら》を攻め、百済から救援を求められた日本は、阿倍比羅夫《あべのひらふ》を将として援軍を送ったが、いわゆる白村江《はくすきのえ》の戦いに敗れたのが、この前年のことである。（『臨終図巻』382頁）

〈65歳の死〉

◇カール・マルクス（1818〜1883）

マルクスは長い間、病のために苦しい思いをしていたようである。『資本論』を書いたとき、彼はさまざまな書簡のなかで「忌まわしいカタル、眼の炎症、胆汁嘔吐、リウマチ、急性肝臓痛、くしゃみ、眩暈、持続性の咳、そして危険な癰《よう》」と書いていたものを患っていた。癰は極めて「ものすごい痛み」を引き起こし、彼がなくなったときには、「死体全体」を覆いつくしていた。それは毒性のため、とりわけ生殖行為において問題となり、そのことで明らかに彼は悩んでいたようだ。（略）

最後の年に、彼は政治的にもだんだん偏屈になり、全力で仕事に打ち込むことができないほど元気をなくしていた。１８８１年に最愛の妻イエニーを失い、マルクスは悲嘆に暮れていたのである。そして、自らの死の2ヶ月前には、「イエニーヒェン」と愛称をつけるほどお気に入りだった長女を亡くしている。ところが、彼の最期は十分穏やかであった。彼は安楽椅子で眠ったままに二度と戻ることはなかった。エンゲルスは追悼演説で、このことを次のように述べている。しかも、意図したわけではない過度の感傷に浸りながら。

3月14日の午後3時15分前に、今なお生きている最も偉大な思想家は思索を中断した。

マルクスは北ロンドンのハイゲート墓地にある妻と同じ墓に埋葬された。長い間、巡礼の地であった彼の墓は、11のフォイエルバッハに関するテーゼと金文字で飾られている。

哲学者たちはこれまで世界をさまざまに解釈してきただけである。だが、肝心なのは世界を変えることである。（『哲学者190人の死にかた』263～265頁）

〈78歳の死〉

◇ガリレオ・ガリレイ（1564～1642）

異端審問での拷問を恐れて、地動説を撤回した。伝説では、その撤回宣言のあと、彼はこうつぶやいた。「それでも地球は動いている」と。地球は動いているのであり、宇宙の中心の不動点ではないのである。

ガリレオは実験観察の向上と、哲学からの物理学の独立に相当貢献したが、その彼が1623年の『贋金鑑識官』で、こう書いている。「哲学はこの大いなる書物、すなわち宇宙に記されている。それは絶え間ないわれわれのまなざしにも耐えうるものである」と。ガリレオは晩年の8年間、失明して望遠鏡での観測に終止符がうたれるまで自宅監禁状態で過ごした。彼は「じわじわとくる発熱」と表現されたものが原因で死んだ。（『哲学者190人の死にかた』176頁）

〈83歳の死〉

◇ジークムント・フロイト（1856～1939）

亡くなった年に書かれた書簡のなかで、フロイトは「16年間私の存在を共有してきた、愛しい昔なじみの癌の再発」について話している。１９２３年の4月から死ぬまでのあいだに、フロイトは口やあごや口蓋にできた癌の手術を何度も受けてきた。手術は22回から23回にも及んでいる。原因は多量の喫煙であり、彼は1日に20本の煙草を吸っていた。フロイトは煙草を吸わないと考えることも、書くこともできなかったため、決して禁煙することはなかった。

フロイトは絶えざる痛みと共に暮らしていたが、死の直前まで飲んでいた薬は２、３のアスピリンだけであった。彼の葬儀で弔辞を述べることになるシュテファン・ツヴァイクに向けて、彼は「まったく考えることができなくなるよりも、苦痛のなかで考えることを好む」と手紙に書いている。最後の何ヶ月かでフロイトの頬の癌は進行し、彼のお気に入りだった犬のチャウチャウが部屋の角で縮こまり、近くに寄り付かなくなるほど不快なにおいを発していた。癌の進行が頬を貫通するほど蝕んだ後、食べることもできなくなったため、やせ衰えた彼は信頼を置いていた医者のマックス・シュールに対して、次のように言った。

親愛なるシュール、私たちがはじめて会話したときのことをあなたは覚えているだろうか。そのとき、あなたは私に約束してくれましたね。私が生き続けるのに疲れ果てたならば、そのときあなたが助けてくれると。生きることは今の私にとって、拷問以外のなにものでもありません。生きることはもはやいかなる意味も持ちえないのです。

シュールはフロイトにモルヒネを与え、彼は穏やかな眠りに就いた。そして次の日から、彼は死んだような状態になった。（略）

（『哲学者１９０人の死にかた』２７１～２７２頁）

自分が死ねば、自分のことをしばらくは思い出してくれるだろうが、そのうち吹く風に乗ってどこかに消えていき、忘れ去られていく。時は巡り、自分はまた生まれる前の、自分が存在しなかった根源の世界に戻っていく。だが、人の生き様は人類全体のＤＮＡの中に記憶として残っていき、次世代に生きる人々の生き方に影響を与える。このため、人の生き方・死に方を学ぶことが重要になる。

〈引用文献〉

・サイモン・クリッチリー著、杉本隆久・國領桂樹訳『哲学者１９０人の死にかた』河出書房新社、２０１８年
・山田風太郎『人間臨終図巻（上巻）』徳間書店、１９８７年

資料３　最期まで輝くために

高齢や病気になるとだんだん弱ってきて、もっている力がどんどん失われていきます。だが、失われていくなかで、今まで見えなかったものが見えてくるものもあります。生に限界を自覚すると、かえって、そこに限りない深いものを築きたいという意欲が高まってくる。新しい生の充実を図ろうとする努力が生まれてくる。

人生において大事なことを振り返ることで、意外に一番大切なことに時間を費やしていなかったりすることに気づきます。本当にやりたいことと実際にやっていることのギャップに気づくと、少しでもよいからやりたいことをする時間を増やしていくことができます。このワークは、これまでの人生を振り返り、これからの人生をまだまだ最期まで輝かせるためのお手伝いをします。

1　余命わずか！　あなたは何をしたいですか？

次の項目にしたがって振り返ってみましょう。また、誰かに聞いてみるのも、語り合うのもよいでしょう。自分の人生を見つめ直すと何を大切にして生きてきたかが分かります。語り合うことで、その人が大切にしていることが分かります。相手の語りを聴くときには質問をしてもよいが、批判はしないようにしましょう。

①内観…それぞれいくつか思い出してみましょう。

・お世話になった人
・迷惑をかけたこと
・これからして返せること
・楽しかったこと
・辛かった・嫌だった・悔しかったこと
・感謝している人
・誰かの役に立つとしたら、誰の何に役立ちたいか？

②転生…生まれ変わったら、こうしたい！

（　　　　　　　　　　）

③目的…自分は○○のために生まれてきた！

（　　　　　　　　　　）

④価値…私は○○を大切にして生きてきた！

（　　　　　　　　　　）

⑤自慢…（ちっちゃなことかもしれないが）〇〇だけは自慢に思う！
（　　　　　　　　　　　　　　　　　　　　　　　　　　　　）

⑥別れ…
・大切な人にお別れの挨拶をするとしたら、誰に何と言いたいですか？
（　　　　　　　　　　　　　　　　　　　　　　　　　　　　）
・自分の思いを聴いてくれる人が欲しいとしたら、誰に聴いて欲しいか？
（　　　　　　　　　　　　　　　　　　　　　　　　　　　　）

⑦計画…せっかく生まれてきたのだから、まだ死ぬまでにやってみたいこと。
（　　　　　　　　　　　　　　　　　　　　　　　　　　　　）

2「大事なものを手放さないといけない」過程

(1) 今、大事にしているものを3つずつカードに書き出してみましょう。

①形のある大切なもの…
（　　　　）（　　　　　　　　）（　　　　　　　　）

②形のある大切な活動…
（　　　　）（　　　　　　　　）（　　　　　　　　）

③形のある大切な人…例：母

（　　　　　）（　　　　　）（　　　　　）

④形のない大切なもの…例：感謝、愛

（　　　　　）（　　　　　）（　　　　　）

（2）次に、そのカードを一つずつ手放していきましょう。

死期が近づくことは手元にあるものを手放していくことです。1枚ずつ手放しながら本当に大切なものは何かを考えましょう。形のある大切なものでは、携帯、スマホなどがあったかもしれませんが、それは早い段階で無くなる。

形のある大切な人では、母があがるかもしれません。形のない大切なものでは、感謝、愛といったことがあがるかもしれません。それらを1枚ずつ手放していくのです。最後の1枚まで手放し、そのときの気持ちを語り合いましょう。

（3）最後に、自分以外のもの（者・物）に感謝を伝えましょう。

〔　　　　　　　　　　　　　　　　〕

小さいものに感謝しましょう。相手の言葉や振る舞いを貴重なものと捉え、心の中で大切にするのです。大きな感謝でなくてもよい。感謝する姿は人生をより豊かにし、より満ち足りたものにします。

3 最期の整理

人生の最期を語ることはタブー視されていたところもありますが、医師が本人の意思が分かってないと、どのような治療に向かっていけばよいのか分かりません。何度も話し合い、明確にしておくことが大事です。

(1) 人生の最期に大切にしたいことは？

〔　　　　　　　　　　　　　　　　　　　　〕

例・家族や友人の傍にいること
・仕事や社会的な役割が続けられること
・できる限りの治療が受けられること
・痛みや苦しみがないこと

(2) 自分の意思を伝え、その人が自分の代わりになってくれる人は？

〔　　　　　　　　　　　　　　　　　　　　〕

例：配偶者　子ども　きょうだい　親戚　友人

(3) 医療についてどのようなことを望みますか？

〔　　　　　　　　　　　　　　　　　　　　〕

家族が医師、介護関係者など医療・ケアチームと話し合い、結果を共有できることで本人も家族も安心できます。幸福な死には「人間関係の中でどう死を迎えるか」が重要です。家族や友人・知人が看取りのときには手をとったりしながら「ありがとう」「あなたがいてよかった」と思える温かい関係性があるかどうか、独りで逝く場合も思い出の中で感謝と喜びがあるかどうかが問われます。人生の苦楽は人間関係にありますから、最期を温かくすることで幸福な死を迎えることができます。笑顔で死にたい。

(4) スピリチュアルペイン

死には、「スピリチュアルペイン」と呼ばれる次のような精神的な痛みが伴います。これら一つひとつについて自分なりに整理していきましょう。

□人生の意味への問い
・私の人生にはどんな意味があるのか。
□価値体系の変化
・これまで大切にしてきた地位や名誉や財産に何の意味があるのか。
□苦しみの意味
・なぜ私が苦しまなければならないのか。
・この苦しみに意味があるのか。
□罪の意識

・病気になってしまって申し訳がない。
・これまでしてきた悪いことはどうすれば許されるのだろうか。
□死の恐怖
・死が迫っているのを感じる、死ぬのが怖い。
□神の存在への追求
・神は存在するのか。
・神はなぜこんなに私を苦しめるのか。
□死生観に対する悩み
・死はすべての終わりなのか。
・死後の世界はどうすれば信じられるのか。
・天国に入れるのか。

〈参考文献〉

・アルフォンス・デーケン『よく生き　よく笑い　よき死と出会う』新潮社、２００３年

おわりに

大海にインクを一滴落としたとする。インクはすぐに広がって一面もとの海の色になる。消え去るように見えますが、無くなるのではなくて大海に溶け込んでいるのであり、変容して「存在している」のです。消滅したのではなく、全体に溶け込んだのです。このように人間も宇宙に溶け込んでいく。死んで自然へ還る。死は自然や宇宙という大きなものへの帰還であると考えれば、宇宙に融合した存在になることができます。

立派な死に方でなくても、信仰とは縁遠かった人も、悔いだらけで逝った人も、事故等で不慮の死を遂げても、何も何でもない人生だったと回顧する人も、どんな死に方をしたどんな人も、死によって完全消滅するのではなく、形を変えて宇宙に「在る」のです。自分の中に宇宙を観る。自分が宇宙の中にいると感じるとき生死は一つとなります。

人生の終い方を考えることは「どう生きるかを考える」ことです。幸せに逝くためには、人の優しさ、温かさ、生きることの素晴らしさを分かち合うことです。

他者のために尽くし、よく笑う。夜は今日も生きてきたことに感謝して寝る。毎日を〝安心で快い関わり合い〟をもつことに励み、その記憶を積み重ねていくことが人生を幸せに送る秘訣である。

（石田勝正『生きる原点―母なる世界』愛光出版、１９８９年、２４９頁）

万物は諸行無常です。変化は「所有する（to have）」ことはできませんが、その時々に変化している「そのものである（to be）」ことはできます。変化は味わうことができるのです。恒常性に執着することなく、若さの素晴らしさも、健康のありがたさも味わい、嬉しいときには喜び、怖いときには怖がればいい。号泣する、驚愕する、鳥肌が立つ、涙が出る、夢や勇気を与えられる、情熱に火が付けられる……自然に湧き出た感情を認めてしまえばいい。すべてをひっくるめて、それが紛れもない人生だから。

本書では死を考えることで生の質を高めようとしてきました。とりわけ重要なのは社会（仲間）から「生きていてほしい」というシグナルを受けるかどうかです。お前なんか要らないと言われていては、どんな人でも生きる気力が湧きません。生きる意欲を持ち、寿命を延ばすのは、他者からの眼差しに「独りではない」というメッセージが感じられるときです。では、どうすればそのようなメッセージが出せたり受けたりできるようになるのでしょうか。

寄り添いながら「あなたがいてくれたから幸せでした。あなたと一緒に生きられてよかった」と、感謝を述べてはどうでしょうか。逝く人は自分を見てくれる人がいることで安堵を覚える。独りではないことを感じることで大きな愛に包まれていく。今、看取りをしていても必ず逝く立場になる。生きている間に人の心に何が残せるか。それも大切です。だが、力まなくてもいい。生きてきたこと自体にすでに意味があるのですから。死んでいくことにも意味があるのですから。生まれたからには、生まれたからこそ。死ぬからには、死ぬからこそ。日々を余得として生きていきましょう。

数年前、筆者の甥は血液の病気で25歳の若さで急逝しました。火葬場で点火スイッチが押されると兄嫁はあらん限りの声で息子の名を呼んだ。叫び声が会場に響き渡り、いたたまれない空気が漂う。兄は何かを呑み込んで断ち切ったように呟いた。

「これでいいのだ」

◇著者紹介

河野 憲一（こうの　けんいち）
1954年、大分県生まれ
関西外国語大学大学院修了（文学修士）
兵庫教育大学大学院修了（教育学修士）
メンタルケア（内観）アドバイザー
マスロー心理学研究会員

現在　神戸医療福祉大学　社会福祉学部教授

著書　『自己実現への英会話』朱鳥社、2002
『心をつなぐ英会話』朱鳥社、2004
『心で学ぶ人間福祉入門』朱鳥社、2007
『心の悲鳴に耳をすます』朱鳥社、2009
『心の居場所を探して』朱鳥社、2010
『吉四六さん笑話』（絵本）朱鳥社、2011
『心で学ぶ人権』朱鳥社、2014
『死は怖くない』風詠社、2016

死考錯語 ―生きる死生観―

2020年1月24日　第1刷発行

著　者　河野憲一
発行人　大杉　剛
発行所　株式会社 風詠社
〒553-0001 大阪市福島区海老江5-2-2
大拓ビル5 - 7階
Tel 06（6136）8657　https://fueisha.com/
発売元　株式会社 星雲社
（共同出版社・流通責任出版社）
〒112-0005 東京都文京区水道1-3-30
Tel 03（3868）3275
印刷・製本　シナノ印刷株式会社

ISBN978-4-434-27080-2 C0010